KÖNIGS ERLÄUTERUNGEN

Band 474

W0184746

Textanalyse und Interpretation zu

E. T. A. Hoffmann

DER GOLDNE TOPF

Horst Grobe

Alle erforderlichen Infos für Abitur, Matura, Klausur und Referat
plus Musteraufgaben mit Lösungsansätzen

Bange Verlag

Zitierte Ausgaben:
Hoffmann, E. T. A.: *Der goldne Topf. Ein Märchen aus der neuen Zeit.* Husum/Nordsee: Hamburger Lesehefte Verlag, 2010 (Hamburger Leseheft Nr. 202, Heftbearbeitung: Elke und Uwe Lehmann). Zitatverweise sind mit **HL** gekennzeichnet.
Hoffmann, E. T. A.: *Der goldne Topf. Ein Märchen aus der neuen Zeit.* Stuttgart: Philipp Reclam jun., 2011 (Reclams Universal-Bibliothek Nr. 101). Zitatverweise sind mit **R** gekennzeichnet.

Über den Autor dieser Erläuterung:
Horst Grobe, Jahrgang 1944, Studium der deutschen und englischen Philologie, der Philosophie und der allgemeinen Sprachwissenschaften (Bonn 1963–69), Fremdsprachen-Assistent in Großbritannien (1966/67), Referendariat (Aachen 1970/71), Tätigkeit im gymnasialen Schuldienst in Nordrhein-Westfalen in verschiedenen Funktionen seit 1969, Dr. phil. (Bochum 1993)

Das Werk und seine Teile sind urheberrechtlich geschützt. Jede Verwertung in anderen als den gesetzlich zugelassenen Fällen bedarf der vorherigen schriftlichen Einwilligung des Verlages. Hinweis zu § 52 a UrhG: Die öffentliche Zugänglichmachung eines für den Unterrichtsgebrauch an Schulen bestimmten Werkes ist stets nur mit Einwilligung des Berechtigten zulässig.

3. Auflage 2017
ISBN: 978-3-8044-1914-8
PDF: 978-3-8044-5914-4, EPUB: 978-3-8044-6914-3
© 2008, 2011 by Bange Verlag GmbH, 96142 Hollfeld
Alle Rechte vorbehalten!
Titelbild: Bambergs berühmtester Türknauf mit dem Apfelweibla
Druck und Weiterverarbeitung: Tiskárna Akcent, Vimperk

1. DAS WICHTIGSTE AUF EINEN BLICK – SCHNELLÜBERSICHT

Damit sich jeder Leser in unserem Band rasch zurechtfindet und das für ihn Interessante gleich entdeckt, hier eine Übersicht.

Im zweiten Kapitel wird die **Biografie E. T. A. Hoffmanns** beschrieben und in den **zeitgenössischen Kontext** gestellt.

⇨ S. 10 ff.

→ Hoffmann war als Jurist auf den **preußischen Staat** als Arbeitgeber angewiesen und von seinem Umbruch existenziell betroffen. Das Dienstverhältnis war durch Maßnahmen wie Zensur, Strafversetzung usw. belastet; dennoch blieb er in seinem Denken und Handeln unabhängig. Nach dem **Zusammenbruch des Staates 1806** war er viele Jahre arbeitslos.

⇨ S. 14 ff.

→ Als Jurist und Künstler ist E. T. A. Hoffmann eine **Mehrfachbegabung**. Er komponiert, dichtet, malt. Das Theater ermöglicht ihm, seine Fähigkeiten einzusetzen. Zeitweise kann er durch Tätigkeit am Theater, durch Musikunterricht und durch Karikaturen seinen Lebensunterhalt bestreiten.

Das dritte Kapitel bringt eine Textanalyse und -interpretation. Informationen und Deutungen zu folgenden Aspekten werden dargestellt:

Der goldne Topf – Entstehung und Quellen:

⇨ S. 27 ff.

Der goldne Topf ist **in den Jahren 1813/1814 entstanden** und erschien 1814 als dritter Band der vier Bände umfassenden Reihe *Fantasiestücke in Callots Manier* unter dem Titel *Der goldene Topf. Ein Mährchen aus der neuen Zeit*. Von Hoffmanns privaten Belastungen und den Kriegswirren der Zeit ist im Text nichts zu bemerken.

Inhalt:

Der Erzähler stellt die Entwicklung der Hauptperson, des **Studenten Anselmus**, dar. Gunst und Ungunst des Schicksals setzen ihn wechselnden Gefühlen und Prüfungen aus. Er durchlebt Ereignisse und **Begegnungen realer, märchenhafter und mythischer Art**. Aus dem glücklosen Studenten wird am Ende der glückselige Besitzer eines Ritterguts in Atlantis. ⇨ S. 32 ff.

Chronologie und Schauplätze:

Die Handlung des Märchens spielt einerseits in Dresden in der Zeit vom Himmelfahrtstag bis zum 4. Februar, andererseits aber auch in mythischer Zeit in einem Ritterschloss im Reich Atlantis. ⇨ S. 49 ff.

Aufbau:

Der Untertitel des Textes verweist auf zwei Ebenen der Wirklichkeit, denen die Elemente der Erzählung angehören: Realität, Märchen und Mythos durchdringen sich und stellen unterschiedliche Wirklichkeitsmodi dar. ⇨ S. 48 ff.

Personen:

Die Personen des Textes weisen über sich selbst hinaus und sind auf die beiden Wirklichkeitsmodi bezogen. Sie teilen Grundzüge und lassen sich zu Konstellationen zusammenfassen. ⇨ S. 53 ff.

Die Hauptpersonen sind

Anselmus: ⇨ S. 55 ff.
- → Student, Tollpatsch
- → Kopist, Dichter
- → gehört beiden Welten an

⇨ S. 59 f.

Konrektor Paulmann und Registrator Heerbrand:

→ Bürger, in der Realität verhaftet

→ Paulmann möchte seine Tochter Veronika mit Anselmus verheiraten

⇨ S. 60 f.

Archivarius Lindhorst:

→ führt Doppelexistenz als Beamter und Salamander

→ möchte seine Tochter Serpentina mit Anselmus verheiraten

⇨ S. 62

Die Rauerin:

→ Äpfelweib, kann in die Zukunft sehen, beherrscht schwarze Magie

→ gehört beiden Welten an

⇨ S. 62 f.

Serpentina:

→ gehört der Welt des Zaubers an

→ Tochter von Lindhorst

→ teilerlöst Lindhorst durch ihre Verbindung mit Anselmus

⇨ S. 62 f.

Veronika:

→ gemäß bürgerlichen Idealen erzogen

→ Tochter von Paulmann

→ lässt von der Seherin Liebeszauber einsetzen, um Anselm ein Heiratsversprechen abzuringen

Stil und Sprache Hoffmanns:

⇨ S. 73 ff.

Sprachliche und stilistische Mittel ermöglichen den souveränen Umgang mit den Wirklichkeitsmodi und verknüpfen heterogene Elemente.

Interpretationsansätze:

Es lassen sich wichtige Züge des *Goldnen Topfes* und der Erzählungen von E. T. A. Hoffmann insgesamt aufzeigen. Bei einem Vergleich verschiedener Erzählungen werden viele gemeinsame Züge sichtbar. So realisieren sie in erzählerischer Form **Poetik** und **Poetologie**, indem sie oft **Künstler** als Hauptfigur wählen und das **Künstlertum** zum Thema machen, wobei **das serapiontische Prinzip** maßgeblich ist. **Wiederkehrende Motive** sind Sehen, Traum und Rausch und die **Erzählweise** mit der Hinwendung des Erzählers an den Leser, mit Synästhesien und wechselnden Perspektiven.

⇨ S. 86 ff.

2. E. T. A. HOFFMANN: LEBEN UND WERK

2.1 Biografie

E. T. A. Hoffmann
1776–1822
© Cinetext

JAHR	ORT	EREIGNIS	ALTER
1776	Königsberg	Ernst Theodor Wilhelm Hoffmann am 24. Januar geboren; seinen letzten Vornamen änderte er etwa 1809 aus Verehrung für W. A. Mozart in Amadeus. Vater: Christoph Ludwig Hoffmann (1736–1797), Advokat am preußischen Gerichtshof in Königsberg; Mutter: Luise Albertine Hoffmann geb. Doerffer (1748–1796). Geschwister: Johann Ludwig (1768 geboren und früh verstorben), Carl Wilhelm Philipp (1773 bis nach 1822).	
1778	Königsberg	Scheidung der Eltern, Ernst wird der Mutter zugesprochen und wächst im Haus der Großmutter Sophie Luise Doerffer geb. Voeteri (gest. 1801) auf; Erziehung durch den Bruder der Mutter, Otto Wilhelm Doerffer (1741–1803), und die Schwester der Mutter, Johanna Sophie Doerffer (1745–1803).	2
1782–1791	Königsberg	Besuch der reformierten Burgschule, Beginn der Freundschaft mit Theodor Gottlieb Hippel (1775–1843); Privatunterricht beim Organisten Podbielsky und beim Maler Saemann.	6–15
1792–1795	Königsberg	Jurastudium an der Universität Königsberg, Hoffmann erteilt Musikunterricht; Verhältnis mit Dora Hatt (1766–1803), die zu diesem Zeitpunkt bereits verheiratet ist und fünf Kinder hat.	16–19

JAHR	ORT	EREIGNIS	ALTER
1795	Königsberg	Erstes juristisches Examen und erste Dienststellung als Regierungs-Auskultator (d. i. Referendar) in Königsberg.	19
1796	Glogau	Versetzung an das Obergericht Glogau auf Betreiben seines Patenonkels Johann Ludwig Doerffer (1743–1803), der dort Rat ist; dadurch wird dem Verhältnis mit Dora Hatt ein Ende gesetzt; Ernst wohnt beim Onkel; Liebe zur Cousine Sophie Wilhelmine (Minna) Constantine Doerffer (1775 bis nach 1832), der Tochter des Patenonkels.	20
1798	Glogau	Zweites juristisches Examen; Verlobung mit Minna, Beförderung des Onkels zum Obertribunalrat in Berlin; Versetzung Hoffmanns nach Berlin; Übersiedlung der Familie Doerffer und Hoffmanns nach Berlin.	22
1798–1799	Berlin	Tätigkeit am Kammergericht; Wiedersehen mit Jugendfreund Theodor Gottlieb Hippel.	22–23
1800	Berlin Posen	Assessorexamen. Versetzung nach Posen (das zu dieser Zeit zu Preußen gehört), Gerichtsassessor am Obergericht in Posen.	24
1802	Plock	Strafversetzung an das Gericht in Plock wegen Karikaturen auf preußische Offiziere; sie verstärken einen Konflikt zwischen Verwaltung und Militär. Auflösung der Verlobung mit Minna Doerffer; Eheschließung mit Maria Thekla Michalina (Mischa) Rorer-Trzynska.	26

JAHR	ORT	EREIGNIS	ALTER
1804	Warschau	Ernennung zum Regierungsrat und Übersiedlung nach Warschau; Beginn der Freundschaft mit Eduard Hitzig (1780–1847), der am selben Gericht tätig ist.	28
1805	Warschau	Geburt der Tochter Cäcilia (gest. 1807).	29
1806	Warschau	Ende von Hoffmanns beamteter Tätigkeit in der Justiz, nachdem das Gericht nach dem Einmarsch der Franzosen seine Arbeit einstellt und die preußischen Behörden aufgelöst werden.	30
1807	Berlin	Umzug nach Berlin; vergebliche Stellensuche; Teilnahme am kulturellen Leben.	31
1808	Bamberg	Umzug nach Bamberg; Tätigkeit am Theater zunächst als Kapellmeister, dann als Komponist.	32
1809	Bamberg	Bankrott des Theaters; Hoffmann als privater Musiklehrer; Erscheinen des *Ritter Gluck* in der Leipziger „Allgemeinen Musikalischen Zeitung", seitdem Mitarbeit als Musikkritiker.	33
1810	Bamberg	Freundschaft mit Dr. Adalbert Friedrich Marcus (1753–1816); Neueröffnung des Bamberger Theaters unter Franz von Holbein, Mitarbeit Hoffmanns als Direktionsgehilfe, Hauskomponist, Bühnenarchitekt und Kulissenmaler.	34
1811	Bamberg	Unerwiderte Liebe zur fünfzehnjährigen Gesangsschüerin Julia Marc (1796–1865).	35
1813	Leipzig Dresden	Musikdirektorstelle in Joseph Secondas in Leipzig und Dresden auftretender Operngesellschaft.	37

JAHR	ORT	EREIGNIS	ALTER
1814	Leipzig Dresden Berlin	Kündigung nach Streit mit Seconda, Tätigkeit als Karikaturist und Komponist; nach dem Sieg Preußens über Napoleon Wiedereinstellung in den preußischen Staatsdienst (zunächst ohne feste Besoldung) durch Vermittlung Hippels. ***Der goldne Topf*** erscheint.	38
1815	Berlin	Beginn der Freundschaft mit Ludwig Devrient; Tätigkeit im Justizministerium.	39
1816	Berlin	Ernennung zum Kammergerichtsrat.	
1819	Berlin	Mitglied der „Immediatkommission zur Ermittelung hochverräterischer Verbindungen und anderer gefährlicher Umtriebe"; Konflikt mit Ermittlungsbehörde.	43
1820	Berlin	Einsatz Hoffmanns in der Kommission zugunsten des verhafteten „Turnvaters" Jahn.	44
1821	Berlin	Entlassung aus der Kommission auf eigenen Wunsch; Ernennung zum Mitglied des Oberappellationssenats am Kammergericht.	45
1822	Berlin	Disziplinarverfahren wegen Hoffmanns Erzählung *Meister Floh*; E. T. A. Hoffmann am 25. Juni gestorben.	46

2.2 Zeitgeschichtlicher Hintergrund

ZUSAMMEN-FASSUNG

- → Nach dem Zusammenbruch von 1806 führte Preußen grundlegende Reformen durch. Sie sollten in den Bereichen Militär, Wirtschaft, Verwaltung und Bildung Kräfte für den Wiederaufstieg des Staates freisetzen.
- → Das aufstrebende Bürgertum der Zeit wird durch einen lebhaften Kulturbetrieb angesprochen.
- → E. T. A. Hoffmann war als Jurist auf den preußischen Staat als Arbeitgeber angewiesen. Das Dienstverhältnis war durch Strafversetzung, Disziplinarverfahren und Zensurmaßnahmen belastet. Viele Jahre war er ohne Stelle, als die Gerichtstätigkeit nach dem Einmarsch der Franzosen in Warschau eingestellt war.

Juristenfamilie

E. T. A. Hoffmann wurde 1776 in eine Juristenfamilie hineingeboren. Ein prägendes Elternhaus hatte er nicht, die Eltern wurden 1778 geschieden, die Kinder wuchsen getrennt auf. Der Vater Christoph Ludwig Hoffmann, Advokat am preußischen Gerichtshof in Königsberg, starb 1797; die Mutter, Luise Albertine Hoffmann geb. Doerffer, war ein Jahr vorher gestorben. Er wuchs bei Onkel und Tante, Otto Wilhelm Doerffer und Tante Johanna Sophie Doerffer, auf.

Hoffmanns juristische Laufbahn

Preußischer Staatsdienst

Nach Schulzeit und Jurastudium trat er in den preußischen Staatsdienst ein. Er legte die erforderlichen Prüfungen ab und durchlief die Beamtenlaufbahn:

JAHR	STUFE	ORT
1792–1795	Studium	Universität Königsberg (erstes juristisches Examen 1795)
1795–1798	Referendar	Königsberg, Glogau (zweites juristisches Examen 1798
1798–1800		Berlin (Assessorexamen 1800)
1800–1802	Assessor	Posen
1802–1804		Plock
1804–1806	Regierungsrat	Warschau
1814–1822	Kammergerichtsrat (ab 1816)	Berlin; Immediatkommission (1819–1821), Disziplinarverfahren (1822)

Die berufliche Tätigkeit fand sowohl bei Regierungs- als auch bei Gerichtsstellen statt. Seine Ausbildung absolvierte er mit großem Erfolg, seine Dienstpflichten erfüllte er zur großen Zufriedenheit des Dienstherrn. Dreimal wurde die Laufbahn empfindlich gestört:

→ 1802 durch die Strafversetzung nach Plock,
→ 1806 durch die Besetzung Warschaus durch die Franzosen,
→ im letzten Lebensjahr durch das Disziplinarverfahren.

1802 Strafversetzung Hoffmanns

Anlass für die Strafversetzung waren einige bei einem Ball herumgereichte Karikaturen Hoffmanns auf preußische Offiziere. Hintergrund war die in der Kleinstadt Posen aufsehenerregende Verurteilung eines Anwalts wegen Beleidigung eines Offiziers. Die bereits ausgefertigte Ernennungsurkunde zum Regierungsrat wurde nicht ausgehändigt. Stattdessen wurde die Versetzung in die Provinz verfügt. Nach zwei Jahren wurde Hoffmann dann zum Regierungsrat ernannt und nach Warschau versetzt.

1806 frz. Besetzung Warschaus

Durch die französische Besetzung Warschaus zwei Jahre später waren die preußische Verwaltung und damit auch die Gerichtstätigkeit eingestellt. Hoffmann war ohne Dienstherrn und diese Phase dauerte acht Jahre an. Erst 1814 konnte er in den Staatsdienst zurückkehren.

Konflikt mit dem Dienstherrn

In den letzten Lebensjahren war er durch einen Konflikt mit dem Dienstherrn belastet. Er wurde 1819 in die „Immediatkommission zur Ermittelung hochverräterischer Verbindungen und anderer gefährlicher Umtriebe" berufen. Dieses Gremium war im Zusammenhang mit den „Demagogenverfolgungen" gebildet worden und sollte mit juristischen Mitteln gegen die bürgerliche und liberale Opposition vorgehen. Diese Erwartung erfüllte Hoffmann nicht. Er ließ sich von der politischen Zielsetzung nicht beeindrucken und kam zu eigenständigen juristischen Schlussfolgerungen, die der Regierung nicht genehm waren. So vertrat er im Fall des „Turnvaters" Jahn die Auffassung, dass dessen Inhaftierung unbegründet sei. Hoffmanns Widersacher war der Polizeidirektor Kamptz. Er bewirkte, dass die Entscheidung der Kommission wirkungslos wurde, und Hoffmanns Berufung wurde auf eigenen Antrag zurückgenommen. In kaum verhüllter Form stellte Hoffmann seine Erfahrungen in der Erzählung *Meister Floh* dar. Gegen sie schritt die Zensur ein und gegen Hoffmann wurde ein Disziplinarverfahren eingeleitet.

1822 Disziplinarverfahren

Reformen in Preußen

Niederlage Preußens 1806 bei Doppelschlacht von Jena und Auerstädt

Als Beamter, der sowohl im Rechtswesen als auch in der Verwaltung tätig war, gehörte Hoffmann zu einer der führenden Schichten in Preußen. Die Auseinandersetzung mit der Französischen Revolution hatte das alte Preußen verloren. Der Zusammenbruch wurde durch die militärische Niederlage im Jahr 1806 in der Doppelschlacht von Jena und Auerstedt deutlich. Reformen waren erforder-

Soziale Reformen
- → Bauernbefreiung (1807)
- → Aufhebung der Zünfte mit eingeschränkter Gewerbefreiheit (1810/11)
- → Abschaffung des Frondienstes (1811)
- → Judenemanzipation (1812)

Regierungs- und Verwaltungsreform
- → Einrichtung von Ministerien (1808)
- → Staatliche Gliederung in Provinzen, Regierungsbezirke, Kreise (1808)
- → Kommunalreform: Wahl von Stadtverordneten (1808)

Heeresreform
- → Schaffung eines Volksheeres (1807/1814)

Bildungsreform
- → Gründung der Universität Berlin (1810)
- → Staatliche Gymnasialordnung (1812)

lich. Dazu war die Mitwirkung der Beamtenschaft erforderlich. Die in der Grafik dargestellten Reformen wurden in Angriff genommen.

Grundzüge der Reformen

Die Reformen zielten auf die Freisetzung von Kräften in nahezu allen Bereichen: Wirtschaft und Soziales, Regierung und Verwaltung, Militär und Bildung. Sie sind u. a. mit den Namen **Stein, Hardenberg, Humboldt, Scharnhorst, Gneisenau** verknüpft.

„Revolution von oben"

Die Reformen stellten eine „Revolution von oben" dar. Ihnen liegt ein Menschenbild zugrunde, das auf die Philosophie von **Kant** und **Fichte** und die Pädagogik **Pestalozzis** zurückgeht. Autonomie und Freiheit vom Staat sind Kennzeichen des Staatsbürgers, der durch loyales und verantwortliches öffentliches Handeln Träger des Modernisierungsprozesses ist. Die Beamtenschaft war durch Zuverlässigkeit, Sparsamkeit und Uneigennützigkeit Garant dieses Prozesses. Mit diesen Merkmalen entsprach sie dem Prinzip von Befehl und Gehorsam des Soldatenstandes und verlängerte es in den

Beamtenschaft als Garant des Modernisierungsprozesses

Neues gesellschaftliches System

öffentlichen Bereich hinein. Damit war ein gesellschaftliches System entworfen, das die absolutistische Ständegesellschaft ablöste. Im Gegensatz zum Gesellschaftssystem, das sich aus der Französischen Revolution entwickelte, war der preußische Staatsbürger an die obrigkeitliche Verwaltung gebunden, die ihm zuerkannte, was er sich aufgrund seines selbstverantwortlichen Handelns erdient hatte.

Allerdings ließ sich der Entwurf dieses gesellschaftlichen Systems nicht vollständig verwirklichen. Die Gründe dafür sind sehr vielfältig. Der Wille zur Reform entsprang gerade bei denen, die sie umsetzen sollten, nicht einer tief gefühlten Einsicht, sondern war nur eine unliebsame Konsequenz aus dem staatlichen Zusammenbruch, die es zu vollziehen galt, solange keine Alternative sichtbar wurde. Daher war das Reformvorhaben nicht abgesichert und wurde nur inkonsequent umgesetzt. Durch Adel und Beamtenschaft ging ein tiefer Riss.

Riss durch Adel und Beamtenschaft

Divergierende Kräfte

Auch gab es unterschiedliche Interessen, die in dem Maße auseinanderliefen und sich gegeneinanderkehrten, in dem Napoleons Herrschaft zu Ende ging. Dem Adel ging es um die Konsolidierung und Wiedergewinnung seines Besitzstandes und seines Einflusses, während es den Burschenschaften und der patriotischen Bewegung, die aus der Freiheitsbewegung gegen Napoleon ihren Elan bezogen hatte, um die bürgerlichen Freiheiten und die Überwindung der Kleinstaaterei ging. Mit den von Metternich initiierten Karlsbader Beschlüssen von 1819, den Zensurbestimmungen und der sog. „Demagogenverfolgung" bestimmte das politische Establishment von einst wieder das Gesetz des Handelns.

Karlsbader Beschlüsse 1819

Hoffmann zwischen Reform und Restauration

Als Jurist war Hoffmann in die schwebende Situation zwischen Reform und Restauration und die Erwartungen der Politik an die Justiz hineingestellt. Seine Stelle hatte er durch den Einmarsch der Franzosen in Warschau verloren und erst acht Jahre später trat er wieder in den Staatsdienst ein. Der Dienstherr schätzte seinen Arbeitseifer und sein Urteilsvermögen und berief ihn 1819 in die „Immediatkommission zur Ermittelung hochverräterischer Verbindungen und anderer gefährliche Umtriebe“. Die Bezeichnung macht die Erwartungen der Politik an die Justiz deutlich. Sein unbestechliches Urteil bescherte Hoffmann einen Konflikt mit seinem Dienstherrn. Gegen ihn wurden ein Disziplinarverfahren und Zensurmaßnahmen durchgeführt.

Bürgertum als Träger des gesellschaftlichen Lebens und geschäftigen Kulturbetriebs

Das Schaffen E. T. A. Hoffmanns steht vor dem Hintergrund eines regen gesellschaftlichen Lebens und eines geschäftigen Kulturbetriebs. Träger ist das aufstrebende Bürgertum, das sich in Ermangelung direkter politischer Mitwirkungs- oder auch nur Einflussmöglichkeiten bei Salons, Theateraufführungen und Konzertveranstaltungen traf und diskutierte. Medien, in denen die neuen Gedanken und Ideen verbreitet wurden, waren u. a. Almanache und Taschenbücher. Zusammen mit der Presse waren sie Teil eines Marktes, auf dem ein Wettbewerb der Ideen stattfand.

2.3 Angaben und Erläuterungen zu wesentlichen Werken

ZUSAMMENFASSUNG

Als Jurist und Künstler verwirklichte E. T. A. Hoffmann eine seltene Begabung. Kunst und Dienst, Fantasie und Pflichterfüllung gehen in Hoffmann eine Verbindung ein. In ihm kommen gegensätzliche Lebensmodi zusammen und geraten mehrfach in seiner Biografie miteinander in Konflikt.
Die Epoche der Romantik ist der zeitliche Hintergrund seiner künstlerischen Existenz.

Kunst und Dienst

Außer dem Beruf war für Hoffmann immer auch die künstlerische Tätigkeit wichtig. Während zunächst die Musik in Form von Unterrichten, Komponieren und Dirigieren seine künstlerische Tätigkeit in der Hauptsache ausmachte, so verschob sich der Schwerpunkt im Laufe der Zeit zur Literatur. Zugleich war er auch im bildnerischen Bereich tätig. Bei der Arbeit im und für das Theater und beim Verfassen von Rezensionen kamen alle seine Talente zusammen. Die Werke, die seinem umfassenden künstlerischen Schaffen entsprangen, waren nicht nur elementare Äußerungen der Kreativität, sondern auch Notwendigkeit im Sinne einer Sicherung der Lebensgrundlage. Dies galt besonders während der langen Zeit ohne dienstliche Stellung, aber auch dann, wenn er eine unbesoldete Dienststellung innehatte.

Hoffmanns vielfältiges künstlerisches Schaffen

Romantik: Kunst, Natur, Ich

Zeit der Romantik

Prägend für die künstlerischen Bestrebungen der Zeit ist die Romantik als Sammelbecken von Gegensätzlichem. Im Mittelpunkt steht das denkende, fühlende und ahnende Subjekt. Der Künstler stellt in seiner Existenz und seinem Schaffen die Steigerung des Menschen dar. Darin wird die Philosophie Johann Gottlieb Fichtes (1762–1814) wirksam, in der das Ich denkend und handelnd sich selber setzt. Es setzt sich auch seine Grenzen, damit es sich in der Abarbeitung daran verwirklichen kann. So ist nach Fichte auch die Natur eine Schöpfung des Ich. Es ist nichts selbstständig Existierendes. Das Verhältnis von Ich und Natur wird durch Friedrich Wilhelm Joseph Schelling (1775–1854) genau umgekehrt bestimmt. In seiner Philosophie ist der Geist das Produkt der Natur. Sie liegt allem zugrunde. Natur und Geist sind auf einander bezogen. In der Natur manifestiert sich Geist, und Geist stellt Natur in unsichtbarer Form dar. Damit setzt sich Schelling von Fichte ab. Mit seiner Naturauffassung nimmt er Bezug auf Spinoza (1632–1677), dessen Ethik eine ganzheitliche Weltsicht verlangt: Da der Mensch nach vollkommener Erkenntnis strebt und da Gott vollkommen ist, muss es sein Ziel sein, eins mit Gott zu werden. Da Gott in allem ist, muss daher das Ziel des Menschen sein, eins mit der Natur zu werden. Schellings Naturphilosophie wurde von Gotthilf Heinrich Schubert (1780–1860) aufgegriffen und popularisiert. In seinem Werk *Ansichten von der Nachtseite der Naturwissenschaften* (1808) geht er von einem ursprünglich einheitlichen Weltganzen aus, das sich im Laufe der Zeit auseinanderentwickelt habe. Doch in einigen Phänomenen bestehe noch eine Verbindung mit dem Ursprung. Dies sind die „Nachtseiten", zu denen das Phänomen des Traums gehört. Der forschende Umgang mit der Natur ist demnach durch Ahnung, Fantasie und Spekulation bestimmt. Anders als beim modernen experimentierenden und quantifizierenden Umgang mit der Natur wird von einem ganzheitlich erlebenden und forschenden Umgang mit der Natur ausgegangen, in die auch der Mensch als geistig-leiblich-seelisches Wesen einbezogen ist. Daher haben die Romantiker ein verstärktes Interesse an den unausgeleuchteten Stellen des

Fichte: Natur = Schöpfung des Ich

Schelling: Geist = Produkt der Natur

Schubert: „Nachtseiten" und Traum

Dunkle Stellen des menschlichen Daseins

menschlichen Daseins, die nicht dem zergliedernden Verstand zugänglich sind. Schlaf, Traum, Krankheit und Seele ziehen ihre Aufmerksamkeit auf sich. Darin deuten sie auf die kollektiven Symbole voraus, die zu Beginn des 20. Jahrhunderts in der Psychologie erforscht wurden.

Hoffmanns Lebensmodi

Charakteristische Züge des Werks

Einbildungskraft als zentrale Kraft

Vor diesem Hintergrund ist auch das Schaffen E. T. A. Hoffmann zu sehen. Am zeitgenössischen geistigen Leben nahm er besonders in Berlin lebhaft Anteil. Die Einbildungskraft, welche die Gegebenheiten von Welt und Gesellschaft außer Kraft setzt, ist für ihn eine zentrale Kraft. Seine romantische Subjektivität setzt auf souveräne Weise mit Hilfe der Ironie ein neues Bezugssystem, in dem die Verhältnisse der realen Welt auf groteske Weise verzerrt werden können. Komik und Ironie gestalteten eine reiche innere Welt. Dabei sind die Übergänge vom Realen zum Fantastischen, vom Normalen zum Anormalen, vom Gesunden zum Kranken fließend ausgestaltet, und auch die Bewertungen fallen je nach Standpunkt unterschiedlich aus. Häufig wiederkehrende Motive sind der Doppelgänger, der Künstler, der Wahnsinnige, und der Bürger wird in dieser Perspektive zum Philister. Die Bezeichnungen, die Hoffmann für seine Romane und Erzählungen verwendet, hat er der Malerei, der Musik und der bildenden Kunst entlehnt: Nachtstück, Fantasiestück. Sie lassen Hoffmanns Faszination an den dunklen Seiten der menschlichen Existenz erkennen. Dies geschieht in ahnender und fühlender Weise und schließt die eigene Person ein. Als Beamter und Künstler steht er im Schnittpunkt divergierender eigener und fremder Ansprüche. In seiner Existenz verbindet er den Beruf des Juristen mit der Berufung des Künstlers und damit zwei gegensätzliche Lebensmodi:

Fließende Übergänge v. Realen zum Fantastischen

Wiederkehrende Motive: der Doppelgänger, der Künstler, der Wahnsinnige

Faszination Hoffmanns an dunklen Seiten der Existenz

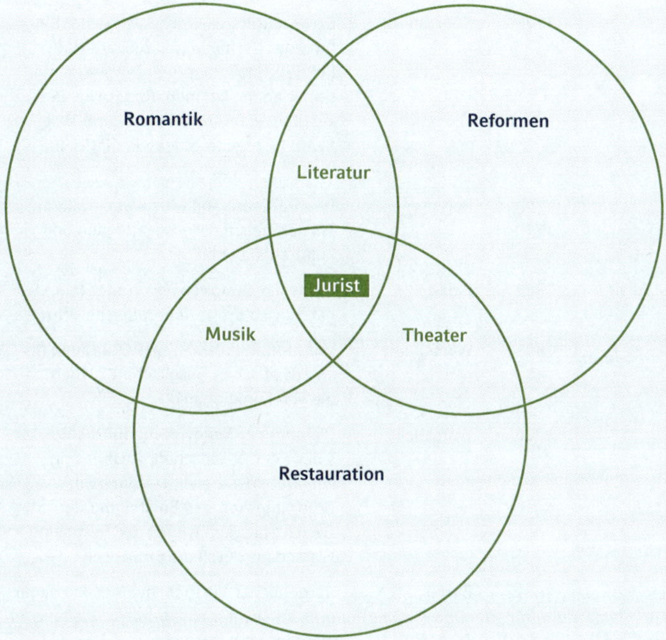

Hoffmanns literarische Werke sind als Teil eines künstlerischen Gesamtwerks, das auch Musik, Malerei und Theater umfasst, vor dem Hintergrund einer wechselhaften, oft durch Entbehrungen charakterisierten Biografie und tiefgreifender politischer Ereignisse zu sehen.

Künstlerisches Gesamtwerk

JAHR	ORT	EREIGNIS	ALTER
1795	Königsberg	Erste schriftstellerische Versuche, Einfluss des Verhältnisses zu Dora Hatt; Lektüre von Schillers *Geisterseher* und seiner ersten Dramen; Rousseaus *Bekenntnisse*; ferner Lektüre von Sterne, Swift, Lichtenberg, Jean Paul, Goethe u. a.	19
1798–1799	Berlin	Beschäftigung mit Musik und Malerei; Teilnahme am gesellschaftlichen und kulturellen Leben	22–23
1802	Plock	Strafversetzung von Posen nach Plock wegen Karikaturen auf preußische Offiziere	26
1805	Warschau	Von Hoffmann angeregte Gründung der „Musikalischen Gesellschaft", Übernahme von Funktionen	29
1806	Warschau	Planung der Renovierung für die Residenz der Gesellschaft, Ausführung von Wandmalereien, Dirigat beim Eröffnungskonzert; Einstellung der Gerichtstätigkeit wegen der Besetzung Warschaus durch die Franzosen	30
1807	Berlin	Vergeblicher Versuch, bei Musikverlagen und am Theater eine bezahlte Stellung zu erlangen	31
1808	Bamberg	Angebot einer Stelle als Kapellmeister am Bamberger Theater durch Graf von Soden; Misserfolg beim ersten Dirigat in Bamberg wegen einer Intrige, danach nur noch kompositorische Tätigkeit für das Bamberger Theater	32
1809	Bamberg	Bankrott des Theaters; Hoffmann als Musiklehrer; Erscheinen des ***Ritter Gluck*** in der „Allgemeinen Musikalischen Zeitung", seitdem Mitarbeit als Musikkritiker	33

JAHR	ORT	EREIGNIS	ALTER
1810	Bamberg	Neueröffnung des Bamberger Theaters unter Franz von Holbein, Tätigkeit Hoffmanns als Direktionsgehilfe, Hauskomponist, Bühnenarchitekt und Kulissenmaler	34
1812	Bamberg	Holbein übernimmt Theater in Würzburg; Hoffmann verlässt das Bamberger Theater und arbeitet als Musiklehrer und -rezensent	36
1813	Leipzig Dresden	Musikdirektorstelle in Joseph Secondas in Leipzig und Dresden auftretender Operngesellschaft.	37
1814	Berlin	Umzug nach Berlin, probeweise Anstellung beim Kammergericht; ***Fantasiestücke in Callots Manier I–III*** (darin u. a.: ***Ritter Gluck***, Erstdruck 1809; ***Johannes Kreislers, des Kapellmeisters, musikalische Leiden***, Erstdruck 1810; *Don Juan*, Erstdruck 1813; ***Nachricht von den neuesten Schicksalen des Hundes Berganza; Der goldene Topf***)	38
1815	Berlin	*Die Elixiere des Teufels I; Fantasiestücke in Callots Manier IV*	39
1816	Berlin	Ernennung zum Rat am Kammergericht; ***Die Elixiere des Teufels II; Nachtstücke I*** (darin: ***Der Sandmann***. Uraufführung von Hoffmanns 1814 fertiggestellter Oper *Undine* (nach Fouqué) am Schauspielhaus	40
1817	Berlin	***Nachtstücke II*** (darin: *Das öde Haus*)	41
1819	Berlin	Berufung in die Immediatkommission; ***Die Serapionsbrüder I–II*** (darin: ***Die Bergwerke zu Falun***); ***Lebensansichten des Katers Murr I; Klein Zaches, genannt Zinnober***	43

JAHR	ORT	EREIGNIS	ALTER
1820	Berlin	Gutachten Hoffmanns zur Verhaftung des „Turnvaters" Jahn; ***Die Serapionsbrüder III*** (darin: ***Das Fräulein von Scuderi***, Erstdruck 1819); ***Prinzessin Brambilla***	44
1821	Berlin	Entlassung aus der Immediatkommission; ***Serapionsbrüder IV; Lebensansichten des Katers Murr II***	45
1822	Berlin	Disziplinarverfahren wegen der Erzählung ***Meister Floh*** (zensiert); E. T. A. Hoffmann am 25. 6. in Berlin gestorben	46

3. TEXTANALYSE UND -INTERPRETATION

3.1 Entstehung und Quellen

ZUSAMMEN-FASSUNG

Hoffmanns Märchen *Der goldne Topf* entstand in den Jahren 1813/1814. Von den Kriegswirren und den bedrückenden persönlichen Lebensumständen in dieser Zeit ist darin nichts zu spüren.
Indem er sich auf Callot beruft und den Text als „Fantasiestück“ und Märchen bezeichnet, betont er die Bedeutung der dichterischen Imagination und die Distanz zur Realität.

Auflagen

E. T. A. Hoffmanns Märchen entstand im Zeitraum zwischen Juli 1813 und Februar 1814. Der Erstdruck erschien 1814 als dritter Band der vierbändigen Reihe *Fantasiestücke in Callot's Manier. Blätter aus dem Tagebuche eines reisenden Enthusiasten. Mit einer Vorrede von Jean Paul Friedrich Richter* unter dem Titel *Der goldene Topf. Ein Mährchen aus der neuen Zeit.* Die Bände I–III erschienen 1814, Band IV 1815 bei C. F. Kunz in Bamberg. Die zweite durchgesehene Auflage der Fantasiestücke erschien 1819 in zwei Bänden, ebenfalls bei Kunz. Das Märchen ist unter dem Titel *Der goldne Topf* nun im zweiten Teil enthalten.

Hoffmann (möglicherweise auch der Verleger Kunz, ein Korrektor oder – damals nicht unüblich – ein Drucker, dies ist nicht geklärt) nahm für die zweite Auflage keine inhaltlichen, sondern nur wenige sprachliche und stilistische Änderungen vor; eine Änderung ist allerdings augenfällig: Der Titel lautet nun nicht mehr *Der goldene Topf*, sondern *Der goldne Topf*.

Die Textsammlung *Fantasiestücke in Callots Manier* wird durch eine Vorrede von Jean Paul eingeleitet. Der erste Text *Jacques Callot* ist ein kurzer Aufsatz über den Kupferstecher und Radierer, der von 1592 bis 1635 lebte. Sein Werk spricht Hoffmann durch die Heterogenität seiner Elemente an, die durch Gruppierung und Lichtgestaltung zu einem Ganzen zusammengefügt werden, das die Grenzen der Malerei überschreitet.

> „[…] seine Zeichnungen sind nur Reflexe aller der fantastischen wunderlichen Erscheinungen, die der Zauber seiner überreichen Fantasie hervorrief. Denn selbst in seinen aus dem Leben genommenen Darstellungen in seinen Aufzügen, seinen Bataillon usw. ist es eine lebensvolle Physiognomie ganz eigner Art, die seinen Figuren, seinen Gruppen – ich möchte sagen etwas fremdartig Bekanntes gibt.“[1]

Fantasiestück

Indem Hoffmann sich auf Callot und seine grotesken Figuren beruft, formuliert er einen wesentlichen Teil seiner eigenen Poetik mit dem Zusammenwirken von Realismus und Imagination.

Im Begriff Fantasiestück konvergieren Musik, Literatur und bildende Kunst.

→ In der Musik bezeichnet er ein Instrumentalstück mit freier Gestaltung, das vor allem im Gegensatz zur Fuge mit ihrer strengen Form gesehen wird.

→ In der Malerei benennt der Begriff Darstellungen z. B. von Landschaften oder Figuren, die frei erfunden sind.

---

1 Hoffmann, E. T. A.: *Poetische Werke*, 6 Bde. Berlin: Aufbau, 1958–1963, Bd. 1, S. 62.

Messing-Türknauf in Bamberg, Eisgrube 14. Der Türknauf inspirierte Hoffmann (vgl. Zweite Vigilie des *Goldnen Topfes*), der in diesem Haus oft seinen Freund und Verleger Carl Friedrich Kunz besuchte.

Im weiteren Wortsinn kann der Begriff auf literarische Werke bezogen werden. Gemeinsames Merkmal ist das **Wirken der Fantasie frei von Regeln und Wahrscheinlichkeit**. Als produzierende Einbildungskraft kann sie neue Vorstellungen bilden und ist im Gegensatz zur Erinnerung von der Bindung an die Realität freigestellt. Im Untertitel des *Goldnen Topfes* werden beide Bereiche miteinander verbunden: *Ein Märchen aus der neuen Zeit.*

In den Text sind vielfältige Erlebnisse und Erfahrungen aus seinen Aufenthalten in Bamberg und Dresden eingegangen. In Bamberg hält er sich vom September 1808 bis zum April 1813 auf. Er tritt dort am 1. September 1808 die Stelle des Kapellmeisters am Theater an, doch verzichtet er aufgrund von gegen ihn gesponnenen Intrigen schon im November desselben Jahres darauf und konzentriert sich auf seine Tätigkeit als Theaterkomponist. Später arbeitet er als „Direktionsgehilfe“ (Komponist, Bühnenbildner, Kulissenmaler). Auch außerhalb des Theaters ist er z. B. als Gesangslehrer tätig. Hoffmann verliebt sich 1811 in seine 20 Jahre jüngere Schülerin, die fünfzehnjährige Julia Marc (1796–1865), die sich jedoch mit dem Kaufmann Georg Groepel verlobt, den sie 1812 heiratet.

Das Leben in Bamberg ist für ihn daher wirtschaftlich ungesichert und persönlich enttäuschend. Die Liebe zu Julia Marc findet im *Goldnen Topf* durch die Namenswahl des Protagonisten ihren Niederschlag, denn Anselmus ist der Kalenderheilige des 18. März, dem Geburtstag von Julia Marc. Die Anregung zur tollpatschigen Hauptfigur verdankt er wohl dem Werk *The Miseries of Human Life* (1806–1807) des englischen Geistlichen James Beresford (1764–1840), das 1810 in einer deutschen Übersetzung von Adolf Wagner unter dem Titel *Menschliches Elend* erschien. In Hoffmanns Tagebuch figuriert Julia Marc als „Ktch", eine Anspielung auf Kleists Schauspiel *Käthchen von Heilbronn*, das Hoffmann in Bamberg inszeniert hatte. Den Vertrag für die *Fantasiestücke in Callots Manier* schließt Hoffmann mit Kunz an Julias siebzehntem Geburtstag, am 18. März 1813, ab.

Kriegswirren

In Dresden und Leipzig hält sich Hoffmann von April 1813 bis September 1814 auf. Er reist am 21. April 1813 nach Dresden, um dort Joseph Seconda zu treffen, bei dem er Musikdirektor in dessen in Leipzig und Dresden auftretender Operntruppe wird. Er bewegt sich aus der Nähe beobachtend und Abstand haltend im Kriegsgebiet. Napoleon, in Russland geschlagen, versucht zusammen mit Sachsen eine Front gegen Preußen, Russland, Österreich und Schweden zu errichten. Hoffmann wird Augenzeuge der um Dresden herum stattfindenden zahlreichen Schlachten, die der Völkerschlacht bei Leipzig vorausgehen, und der Schlacht von Dresden am 26./27. August 1813, die Napoleon gewinnt. Dresden, zu Sachsen gehörend, kämpft dabei auf französischer Seite. Die alles entscheidende Völkerschlacht bei Leipzig (16.–19. Oktober 1813) verliert Napoleon hingegen, und so wird Dresden vom 7. Oktober bis zum 11. November 1813 von den Alliierten belagert. Schließlich ziehen die Franzosen am 12. November 1813 ab; Sachsen wird russisch-preußisches Generalgouvernement. Während dieser Zeit lebt und arbeitet Hoffmann in Dresden und Leipzig. Mit dem Konzept zum *Goldnen Topf* beschäftigt er sich seit dem Sommer 1813, am Manuskript arbeitet Hoffmann vom 26. November 1813 bis zum 15. Februar 1814. Die Reinschrift der ersten vier Vigilien schickt er am 16. Januar 1814 an den Verleger, den Rest am 4. März 1814. In einem Brief an seinen Verleger beschreibt Hoffmann die Wirkung der Arbeit am Konzept zu dem Märchen:

> „In keiner als in dieser düstern verhängnißvollen Zeit, wo man seine Existenz von Tage zu Tage fristet und ihrer froh wird, hat mich das Schreiben so angesprochen – es ist als schlösse ich mir ein wunderbares Reich auf, das aus meinem Innern hervorgeht und sich gestaltend mich dem Drange des Äußern entrückte – Mich beschäftigt die Fortsetzung der Fantasiestücke ungemein, vorzüglich ein Mährchen das beynahe einen Band einnehmen wird […]“[2]

Die dichterische Fantasie wirkt auf die Realität ein und mindert ihre Widrigkeiten.

2 Zit. nach Wührl, Paul-Wolfgang: *Erläuterungen und Dokumente: E. T. A. Hoffmann. Der goldne Topf*. Stuttgart: Philipp Reclam jun., 2004, S. 122.

3.2 Inhaltsangabe

ZUSAMMENFASSUNG

Der Erzähler stellt Anselmus' Schicksal dar, das ihn vom tollpatschigen Studenten zum Besitzer eines Ritterguts in Atlantis macht. Es lässt ihn zwischen Realität, Märchen und Mythos wechseln und ein Wechselbad der Gefühle erleben.

Die Unglücksfälle des Studenten Anselmus. Des Konrektors Paulmann Sanitätsknaster und die goldgrünen Schlangen. (Erste Vigilie)

„ins Kristall bald dein Fall"

Dem Studenten **Anselmus** unterläuft das Missgeschick, dass er die Marktauslage des Äpfelweibs umwirft, als er am Himmelfahrtstag nachmittags um 3 Uhr durch das Schwarze Tor in Dresden geht, um vor der Stadt am Feiertagstreiben teilzunehmen. Als er sich nach der Leistung von Schadenersatz in Form seiner gesamten Barschaft eilends entfernt, schickt es ihm vor vielen Zuschauern den **Fluch** hinterher: „ins Kristall bald dein Fall" (HL S. 5/R S. 5). Nachdem er nunmehr nicht mehr im Linkischen Bade, einem Ausflugslokal, den Feiertag genießen kann, lässt er sich am Elbufer unter einem **Holunderbaum** nieder und beklagt, dass er immer wieder vom Schicksal und durch eigenes ungeschicktes Verhalten benachteiligt wird. Währenddessen nehmen ihn unverständliche Rede und bezaubernde Klänge gefangen, die von drei grüngoldenen **Schlangen**, den Blättern des Holunderbaumes, dem Abendwind und den Sonnenstrahlen kommen. Besonders der sehnsüchtige Blick einer Schlange bewirkt in ihm zugleich Wonne und Schmerz. Mit Sonnenuntergang beendet eine raue Stimme das Treiben. Am Ende bewegt sich, wo die Schlangen verschwunden sind, nur noch ein verdampfendes Feuer in den Wogen der Elbe auf die Stadt zu.

Anselmus unter dem Holunderbusch © Kay Konrad, www.kaykonrad.de

Wie der Student Anselmus für betrunken und wahnwitzig gehalten wurde. – Die Fahrt über die Elbe. – Die Bravour-Arie des Kapellmeisters Graun. – Conradis Magenlikör und das bronzierte Apfelweib.

(Zweite Vigilie)

Anselmus, der noch nach den verschwundenen Schlangen unter dem Holunderbaum schmachtet, wird von spazieren gehenden Bürgern für einen betrunkenen Theologiestudenten gehalten. Dieser Peinlichkeit entgeht er, indem er eine Einladung des Freundes

Überfahrt in einer Gondel

und Konrektors **Paulmann** annimmt, der gerade mit seinen beiden Töchtern und dem Registrator Heerbrand in eine Gondel steigt. Während der Überfahrt erwecken die Funken eines Feuerwerks und dessen Widerschein im Wasser noch einmal die **Sehnsucht nach den Schlangen** in Anselmus. Er ruft sie und will nach ihnen im Wasser greifen. Paulmann befragt ihn wegen seines Verhaltens, das er für wahnsinnig hält, während seine Tochter **Veronika** und **Heerbrand** mehr Verständnis für Anselmus aufbringen und es einem (Wach-)Traum zuschreiben. Dadurch bessert sich Anselmus' Stimmung. Er genießt Veronikas Gegenwart, ihren Blick und den Kontakt mit ihr, und verbringt einen angenehmen Abend in Paulmanns Wohnung bei Gespräch und Hausmusik.

Schließlich weist ihn der Registrator Heerbrand darauf hin, dass der Archivarius **Lindhorst**, dem der Umgang mit **Geheimwissenschaften** nachgesagt wird, einen gewissenhaften und geschickten Kopisten für seine seltenen **Manuskripte** suche. Anselmus geht am nächsten Tag mit Arbeitsproben und Schreibmaterialien erwartungsvoll zum Haus des Archivarius. Als er den **Türklopfer** betätigen will, blickt ihn daraus das Gesicht des Äpfelweibes an, und er hört wieder ihre Verwünschung. Vor Entsetzen taumelnd, greift Anselmus auf der Suche nach Halt nach der Klingelschnur, die ihm zur Würgeschlange wird, während er das Bewusstsein verliert. Als er wieder wach wird, steht der Konrektor Paulmann ratlos an seinem Bett.

Nachrichten von der Familie des Archivarius Lindhorst. – Veronikas blaue Augen. – Der Registrator Heerbrand. (Dritte Vigilie)

Feuerlilie und Phosphorus

Die mythische Liebesgeschichte von der Feuerlilie und dem Jüngling Phosphorus, der nach der Erschaffung der Welt als Ritter einen Drachen besiegen muss, erzählt im Kaffeehaus der Archivarius

Lindhorst dem Registrator Heerbrand, der sie als **orientalischen Schwulst** bezeichnet. Lindhorst jedoch betont nachdrücklich ihre Wahrheit und bezeichnet sie als **Beginn seiner Familiengeschichte**. Danach ist sein Bruder, mit dem er wegen des väterlichen Vermächtnisses eines Edelsteins in Streit geraten sei, unter die Drachen geraten und habe ihn unlängst besucht. Wiederum führt die Erzählung zu ungläubigem Gelächter der Zuhörer. Anselmus, den Heerbrand hierher mitgenommen hat, damit Lindhorst ihn kennenlernt, ängstigen Blick und Stimme des Archivarius.

Als er vor dessen Haustür in Ohnmacht fiel, ließ ihn der zufällig vorbeikommende Konrektor Paulmann nach Hause bringen; dadurch blieb ihm beim Erwachen die Begegnung mit dem Äpfelweib erspart, das ihn am Boden liegend vorfand. Seine Gönner Paulmann und Heerbrand und die ihm zugetane Veronika halten Anselmus für seelenkrank und halten das Kopieren der Manuskripte in seiner Lage für förderlich.

Als Heerbrand dem Archivarius Anselmus im Kaffeehaus vorstellt, äußert sich Lindhorst sehr zufrieden, bevor er sich schnell entfernt. Die Schroffheit des Archivarius wird als Verhalten eines wunderlichen Mannes erklärt. Anselmus will es nun wagen, noch einmal zum Archivarius zu gehen, um seine Handschriften abzuschreiben.

Melancholie des Studenten Anselmus. – Der smaragdene Spiegel. – Wie der Archivarius Lindhorst als Stoßgeier davonflog und der Student Anselmus niemandem begegnete. (Vierte Vigilie)

Einsatz des Erzählers für Anselmus

Der **Erzähler** wendet sich an den Leser, um bei ihm Verständnis und Mitgefühl für Anselmus' Zustand zu wecken, indem er ihn an eigene ungewöhnliche und sonderbare Erfahrungen erinnert.

Unter dem **Holunderbaum** wird Anselmus, als er gerade wieder einmal sehnsuchtsvoll nach den Schlangen ruft, von dem Archivarius Lindhorst angesprochen, den er bisher noch nicht aufgesucht hat. Als er ihm das vorhält, eröffnet ihm Anselmus, was ihm am Himmelfahrtstag widerfahren ist, und wirft ihm vor, dass er es war, der die Schlangen damals zurückgerufen habe. Daraufhin bekennt Lindhorst, **Vater der drei Schlangen** zu sein. Er wisse, dass Anselmus von Anfang an für die Schlangen entflammt sei und sich in die jüngste Tochter **Serpentina** verliebt habe. Er lässt ihn in einen Smaragd an seinem Ring blicken, in dem Anselmus die Schlangen sieht, und verspricht ihm weitere Begegnungen mit ihnen, wenn er für ihn saubere Kopien anfertigt. Nachdem er Anselmus gegen das Äpfelweib, das ihn beim ersten Mal verschreckt hat, ein Gegenmittel gegeben hat, entschwindet er rasch, wobei er sich durch Wind und Sichtverhältnisse bedingt in einen **Geier** zu verwandeln scheint. Nach der Aussprache ist Anselmus in seiner Liebe zu Serpentina, der Tochter des Archivarius, gefestigt.

Verwandlung Lindhorsts in einen Geier

Die Frau Hofrätin Anselmus. – Cicero de officiis. – Meerkatzen und anderes Gesindel. – Die alte Liese. – Das Aequinoctium. (Fünfte Vigilie)

Veronika, die Tochter des Konrektors Paulmann, sieht sich nach der Überfahrt über die Elbe und dem Hausmusikabend zwar schon als Anselmus' Ehefrau, zumal ihm der Registrator Heerbrand nach einer günstigen Andeutung des Archivarius Lindhorst eine bürgerliche Karriere bis zum **Hofrat** zutraut, aber sein geändertes sicheres Verhalten weckt in ihr auch Zweifel, die ein Kobold („Alräunchen", HL S. 30/R S. 39) in ihr nährt. Durch eine Freundin auf eine **Wahrsagerin**, die **Rauerin**, aufmerksam gemacht, beschließt sie, diese nach ihrer Zukunft mit Anselmus zu befragen. Die Rauerin enthüllt Veronika in ihrer Hexenstube inmitten vieler gruseliger Utensilien,

Veronika sucht magische Hilfe

dass sie ihre Frage schon wisse, da sie, die Rauerin, als Kaffeekanne zu Hause bei Paulmanns vor Veronika auf dem Tisch gestanden habe, und beschwört sie, von Anselmus abzulassen. Er habe sie als Äpfelweib und ihre Äpfel schlecht behandelt, liebe Veronika nicht, sondern die Schlange, und werde auch nicht Hofrat. Voll Zorn über die ungünstige Auskunft will Veronika die Rauerin verlassen, die sich daraufhin als Veronikas früheres Kindermädchen Liese zu erkennen gibt. Ihr Gegenspieler Lindhorst, dem Anselmus verfallen sei, beabsichtige ihn mit seiner Tochter Serpentina zu verheiraten, aber sie verspricht, Veronikas Ehewunsch mit Anselmus durch einen **Liebeszauber** zu erfüllen, den sie am Tag der Tagundnachtgleiche auf einem Kreuzweg auf freiem Feld durchführen will.

Lindhorst und Rauerin als Gegenspieler

Der Garten des Archivarius Lindhorst nebst einigen Spottvögeln. – Der goldne Topf. – Die englische Kursivschrift. – Schnöde Hahnenfüße. – Der Geisterfürst. (Sechste Vigilie)

Nach gründlicher gedanklicher Vorbereitung und mit Hilfe des Mittels gegen das Äpfelweib im Türdrücker gelingt es Anselmus, in das Haus des Archivarius einzutreten, der ihn herumführt. In einem herrlichen **Gewächshaus**, in dem Bäume mit seltsamen Blättern und duftende Blumen in magischem Licht wachsen und in dem Anselmus Lindhorsts damastnen Schlafrock für einen großen Busch mit Feuerlilien hält, wird er von Vögeln verspottet, bis Lindhorst das Treiben beendet. In einem der nächsten Räume, dessen Decke von den Blättern von **Palmbäumen** gebildet werden, deren Stämme aus den Wänden heraustreten, steht auf einer von gegossenen ägyptischen Löwen getragenen Porphyrplatte ein **goldener Topf**, an dem Anselmus u. a. sich selbst und Serpentina im Holunderbaum gespiegelt sieht, bis ihn Lindhorst mit dem Hinweis aus seiner Verzückung zurückruft, dass seine Tochter eben in ihrem Zimmer Klavierstunde

Goldner Topf

hat. Zuletzt kommen sie in einen **Bibliotheksraum**, in dem Anselmus seine Arbeitsproben vorzeigt, die den Archivarius aber nicht überzeugen. Er lobt jedoch Anselmus' Fleiß und schreibt das unbefriedigende Ergebnis auch dem Material zu. Er stattet ihn mit eigentümlich duftenden und vorzüglichen Schreibmaterialien aus und beauftragt ihn, ein arabisches Manuskript zu kopieren. Als Anselmus noch einmal seine mitgebrachte Arbeitsprobe betrachtet, ist auch er von der schlechten Qualität überzeugt. Der Gedanke an Serpentina beflügelt ihn, und die Arbeit geht ihm leicht und gut von der Hand. Es scheint, als ob die Buchstaben schon blass auf dem Blatt stünden und er sie nur noch schwarz überziehen müsse. Lindhorst ist mit der Abschrift sehr zufrieden, und als er Lindhorst nach getaner Arbeit verlässt, stellt dieser ihm die Liebe Serpentinas und den goldenen Topf als **Mitgift** in Aussicht. Sie sollen der Lohn für eine harte und entbehrungsreiche Lehrzeit und für den Sieg in einem anfechtungsreichen Kampf sein. Von Lindhorsts feierlicher Rede noch benommen vor dem Haus stehend, wird Anselmus mit Grüßen an seine Gönner und Hinweis auf die erfolgte Bezahlung bis zum nächsten Tag verabschiedet.

Arbeit als Kopist

Wie der Konrektor Paulmann die Pfeife ausklopfte und zu Bett ging. – Rembrandt und Höllenbreughel. – Der Zauberspiegel und des Doktors Eckstein Rezept gegen eine unbekannte Krankheit. (Siebente Vigilie)

Am **Äquinoktialtag** (Tagundnachtgleiche) sucht Veronika um 11 Uhr abends die Rauerin auf. Die beiden Frauen machen sich mit Zaubergerät in Regen und Sturm auf den Weg, der von dem funkensprühenden Schweif des Katers grausig beleuchtet wird. An einem Kreuzweg angekommen, stellt die Rauerin auf einem Feld über einer mit Kohlen ausgefüllten Grube ein Dreibein auf, in dessen Kessel Metalle unter Beimengung einer Haarlocke Veronikas

Liebeszauber

und anderer Utensilien erhitzt werden. Während die Rauerin ihren Zauber ausführt und der Kater grausige Töne ausstoßend einen Feuerkreis um den Schauplatz zieht, kauert Veronika wie behext vor dem Kessel und starrt hinein.

Anrede des Erzählers an den Leser

Der **Erzähler** verdeutlicht dem Leser das gruselige Geschehen, indem er anregt, er soll sich vorstellen, er habe auf dem Weg nach Dresden in besagter Nacht bei schauerlichem Wetter die beiden in ihren Zauber versunkenen Frauen getroffen. Gewiss hätte er sein Grausen niedergekämpft und das Mädchen aus dem Bann des magischen Kreises befreit, aber er war nicht da. Stattdessen beendet ein Adler den Zauber, nachdem sich Anselmus und andere Figuren im flüssigen Metall gezeigt haben. Veronika fällt in Ohnmacht und wird erst wieder zu Hause im Bett wach, wo sie fiebert. Zuerst hält sie deshalb das Geschehen der letzten Nacht für einen schlechten Traum, aber dann überzeugen sie der nasse Mantel und ein Metallspiegel, dass sie die letzte Nacht wirklich erlebt hat. In dem von der Rauerin stammenden Metallspiegel erblickt sie den bei Lindhorst arbeitenden Anselmus, der sie aus dem Spiegel heraus anspricht. Der herbeigerufene Arzt ist ratlos, was die Ursache von Veronikas Fieber ist.

Die Bibliothek der Palmbäume. – Schicksale eines unglücklichen Salamanders. – Wie die schwarze Feder eine Runkelrübe liebkosete und der Registrator Heerbrand sich sehr betrank. (Achte Vigilie)

Anselmus fertigt alle Kopien mit Fleiß und Freude und zu Lindhorsts Zufriedenheit. Nunmehr erhält er eine neue schwierigere Aufgabe und einen anderen Arbeitsplatz in der **Palmbibliothek**. Der Archivarius führt ihn wieder durch den prächtigen Garten und in das angrenzende azurblaue Zimmer. Der Porphyr und der goldene Topf fehlen jetzt, stattdessen steht dort ein Schreibtisch für

Aus dem Kelch der Lilie raubte der Salamander die grüne Schlange © Kay Konrad, www. kaykonrad.de

Anselmus. Lindhorst ermahnt ihn zu sorgfältiger Arbeit: Ein **Tintenfleck** auf dem Original stürze ihn ins Unglück. Aus den Stämmen der Palmbäume wachsen Blätter heraus, die Pergamentrollen sind, und eine davon hat Anselmus zu kopieren. Die Klänge und Düfte des Gartens nebenan, das Licht und die Ausstattung der Bibliothek sowie Lindhorsts herrschaftlicher Auftritt fördern Anselmus' Arbeit. Er findet schnell heraus, dass das Manuskript mit den fremdartigen Zeichen von der **Vermählung des Salamanders mit der grünen Schlange** handelt, und daraufhin erscheint Serpentina in Menschengestalt und setzt sich neben ihn, um ihm zu erzählen, wie es sich mit ihrem Vater verhält: Aus dem Kelch der Lilie raubte der Salamander, Serpentinas Vater, die grüne Schlange und verlangte vom Geisterfürsten Phosphorus, mit ihr vermählt zu werden. Dieser weigerte sich und warnte ihn davor, die Schlange zu umarmen, doch der Salamander hielt sich nicht daran, und die Schlange wurde zu Asche und der Salamander sollte, nachdem seine Flammen erloschen waren, zu den Erdgeistern verbannt werden. Auf Vermittlung des Gärtner-Erdgeists wurde die Strafe für den Frevel des Salamanders herabgesetzt: Er wird seine Feuerkraft wiedererlangen, wenn er unter den Menschen wohnt und ihre Bedürftigkeit teilt. In einem Lilienbusch findet er die grüne Schlange wieder, mit der er drei Schlangen – Serpentina und ihre Schwestern – als Töchter hat. Wenn diese drei Schlangen drei Jünglinge mit poetischem Sinn finden und sich mit ihnen verbinden, dann erlangt der Salamander seine alte Kraft wieder und darf zu seinen Brüdern gehen. Der Gärtner will jeder Tochter einen goldenen Topf schenken, der ihren Geliebten die Sprache und Wunder, den Glanz und die natürliche Harmonie des Reiches Atlantis eröffnen wird, in dem sie wohnen werden.

Serpentinas Erzählung

Verbannung und Erlösung

Serpentina verdeutlicht Anselmus, dass der Salamander ihr Vater und zur Befreiung ein **kindliches poetisches Gemüt** vonnöten ist. Sie warnt ihn auch vor der Bedrohung, die von dem schwarzen Drachen als Gegenmacht ausgeht. Er soll sich vor dem alten Weib hüten, das in den Besitz des goldenen Topfes kommen will, ihm feind ist und alle Kräfte gegen ihn versammelt. Nachdem Serpentina verschwunden ist, ist Anselmus verwundert, dass das Manuskript mit der Erzählung von Serpentinas Vater, „dem Liebling des Geisterfürsten Phosphorus im Wunderlande Atlantis" (HL S. 51/R S. 72), fertig kopiert ist. Der Archivarius ist mit der Arbeit zufrieden, und beide gehen zusammen mit dem Registrator Heerbrand, den sie auf der Straße treffen und dem Lindhorst beim Anzünden der Pfeife mit funkensprühenden Fingern behilflich ist, zum Feierabend zum Linkischen Bad, wo Heerbrand sehr dem Bier zuspricht, so dass ihn Anselmus nach Hause bringen muss.

Wie der Student Anselmus zu einiger Vernunft gelangte. – Die Punschgesellschaft. – Wie der Student Anselmus den Konrektor Paulmann für einen Schuhu hielt, und dieser sich darob sehr erzürnte. – Der Tintenklecks und seine Folgen. (Neunte Vigilie)

Ganz von den Wahrnehmungen und Erlebnissen im Haus des Archivarius und der Erzählung Serpentinas gefangen genommen, sehnt sich Anselmus zugleich nach Veronika, die ihm in einem Traum liebenswürdiger denn je erscheint. Bei einem Besuch, zu dem ihn Konrektor Paulmann drängt, genießt er ausgelassen das Zusammensein mit ihr. Beim Blick in den **Metallspiegel** gewinnt er Abstand von dem seltsamen Geschehen in Lindhorsts Haus und ist zuletzt überzeugt, nur geträumt zu haben. Gerade als Veronika von ihm das Versprechen erhält, dass er sie heiraten werde, sobald er Hofrat sei, wird er von Konrektor Paulmann zum Mittagessen eingeladen. Als Anselmus zu Lindhorst will, wird er zum Bleiben genötigt, da es dafür zu spät sei. Der Registrator Heerbrand stößt dazu und bringt die Zutaten für einen **Punsch** mit, der die drei Männer in einen kräftigen Rausch versetzt. Sie kommen auf Lindhorst zu sprechen. Als Anselmus preisgibt, was er von Serpentina über ihn erfahren hat, und Heerbrand ihn bestätigt, indem er seine Fähigkeit bewundert, feurig zu schnippen, gerät Paulmann außer sich. Ein Wort gibt das nächste, das Gespräch der Zecher wird immer turbulenter, bis schließlich die Punschterrine mit Hochrufen auf den Salamander und Verwünschungen der Alten und weiteren Zauberwesen an die Decke geworfen wird. In diesem Durcheinander erscheint ein kleiner seltsamer Mann, der Anselmus mahnt, am nächsten Tag auf jeden Fall zu seinem Schreiberdienst zu kommen. Unter dem Gelächter der anderen flüchtet Anselmus in seine Wohnung, wo ihm Veronika im Traum erscheint.

Turbulentes Zechgelage

Am nächsten Morgen ist ihm im Gedanken an Veronika wohl, und bei der Arbeit im Hause des Archivarius ist ihm die Faszination, die die Klänge, Düfte und Farbeindrücke früher hervorriefen, abhandengekommen. Der Archivarius gibt zu erkennen, dass er in der Punschterrine sitzend bei dem heftigen Umtrunk anwesend war. Das Abschreiben geht Anselmus diesmal überhaupt nicht von der Hand, er kann nicht einmal einen sinnvollen Überblick gewinnen. Als er schließlich einen **Klecks** auf das Original macht, fährt daraus ein Blitz zur Decke auf, die Palmen werden zu Riesenschlangen, die ihn umwinden und mit ihren feurigen Rachen bedrohen. Darüber thront im blendenden Licht der Salamander und deutet ihm das Geschehen als Strafe für seinen Frevel. Anselmus vergehen alle Gedanken, und als er wieder aufwacht, ist er in einer **Kristallflasche** eingesperrt, die im Regal in Lindhorsts Bibliothekszimmer steht.

Anselmus in der Flasche

Die Leiden des Studenten Anselmus in der gläsernen Flasche. – Glückliches Leben der Kreuzschüler und Praktikanten. – Die Schlacht im Bibliothekzimmer des Archivarius Lindhorst. – Sieg des Salamanders und Befreiung des Studenten Anselmus. (Zehnte Vigilie)

Einsatz des Erzählers für Anselmus

Der **Erzähler** wendet sich wieder an den Leser, um Mitleid für den in der Flasche eingeschlossenen Anselmus zu wecken. Er sehnt sich nach Serpentina und begreift seine Situation als Strafe für den Frevel an ihr, weil er den Glauben an sie verloren hatte. Neben ihm im Regal stehen fünf weitere Flaschen, in denen drei Kreuzschüler und zwei Praktikanten eingeschlossen sind. Doch sie bemerken nicht, dass sie in gläsernen Flaschen sitzen, sondern behaupten, Kopien für Lindhorst zu fertigen, regelmäßig ihren Lohn zu erhalten und zu vertrinken und zufrieden zu sein. Sie verspotten Anselmus, der nicht bemerke, dass er auf der Elbbrücke stehe. Sein Schmerz lässt erst nach, als er die Gegenwart Serpentinas spürt, aber gleichzeitig erscheint das Äpfelweib. Es verhöhnt ihn, indem es ihn an ihren Fluch (vgl. HL S. 5/R S. 5: „ins Kristall bald dein Fall") erinnert, und stellt ihm die Freiheit in Aussicht, wenn er Veronika als Hofrat heiratet. Anselmus trotzt ihr und erklärt sich rückhaltlos für Serpentina. Unter Verwünschungen zieht sich die Alte aus, kleidet sich in einen Harnisch aus Pergamenten und holt aus dem Nebenraum den goldenen Topf herbei. Als Anselmus unter Aufbietung seiner ganzen Kraft gegen das Kristall tritt, erscheint der Archivarius im Schlafrock, und es entbrennt ein magischer **Zweikampf** zwischen ihm und dem in eine Hexe verwandelten Äpfelweib. Daran nehmen auch der Kater und der Papagei teil. Die Hexe bewirft den Schlafrock mit Sand aus dem goldenen Topf, der sich jedoch in herabfallende Blumen verwandelt. Der Archivarius schleudert aus dem Schlafrock lodernde **Lilien**, die jedoch am Harnisch aus Pergament abprallen und zu Asche werden, gegen die Hexe. Lindhorsts **Papagei** hat un-

Kampf zwischen Lindhorst und Äpfelweib

terdessen den Kater der Hexe im Schnabel. Schließlich gelingt es dem Archivarius mit dem Ruf „Sieg dem Salamander!“ (HL S. 66/R S. 88), Blitze in feurigen Kreisen um die Alte zu legen, so dass sie unter Qualm, Geheul und Gestank als Verliererin die Kampfstätte flieht und zur Runkelrübe wird, während der Papagei mit den Krallen den Kater durchbohrt und ihm die Augen aushackt. Archivarius und Papagei machen sich artig Komplimente. Der Archivarius ergreift den goldenen Topf, verwandelt sich in einen **Geisterfürsten** und erklärt Anselmus für schuldlos. Er habe sich treu bewährt. Darauf durchzuckt Anselmus ein Blitz, ein kristallener Dreiklang schwillt an, zersprengt das Glas und setzt Anselmus frei, der in Serpentinas Arme sinkt.

Des Konrektors Paulmann Unwille über die in seiner Familie ausgebrochene Tollheit. – Wie der Registrator Heerbrand Hofrat worden, und im stärksten Froste in Schuhen und seidenen Strümpfen einherging. – Veronikas Geständnisse. – Verlobung bei der dampfenden Suppenschüssel.
(Eilfte Vigilie)

Konrektor und Registrator überdenken den durchzechten Abend und geben Anselmus die Schuld am Verlauf. Heerbrand deutet an, dass er die Utensilien für den Punsch aus gutem Grund mitgebracht habe, dass er aber nicht dazu gekommen sei, ihn zu offenbaren. Sie sind sich einig, dass sie nichts mehr mit Anselmus zu tun haben wollen. Darüber ist Veronika betrübt, zumal sie weiß, dass er in der Flasche eingesperrt ist. Ihr Vater lässt entsetzt den Arzt kommen, der wiederum außer einigen Allgemeinplätzen kein Gegenmittel weiß. – An Veronikas Namenstag einige Wochen später, am 4. Februar zur Mittagsstunde, sucht Heerbrand, festlich gewandet, den Konrektor Paulmann und seine Tochter auf und hält um ihre Hand an. Er habe sie bisher im Stillen geliebt und sei am Tag des Zech-

Verlobung Veronikas mit Heerbrand

gelages zum **Hofrat** ernannt worden. Der Vater und auch Veronika willigen ein. Sie gesteht, dass sie Hilfe bei der Rauerin gesucht hat, schwört allen weiteren derartigen Versuchen ab, zumal der Salamander über die Hexe gesiegt und sich Anselmus mit der grünen Schlange verbunden hat, und übergibt als Beweis ihrer Ernsthaftigkeit Heerbrand den zerbrochenen Metallspiegel und eine Locke. Der Vater befürchtet, dass Veronika mit ihrem Bekenntnis ihre Zukunft aufs Spiel setzt, aber Heerbrand zeigt Verständnis für die „nervliche Anspannung" seiner zukünftigen Frau, zumal man auch schon in antiken Werken von feindlichen Einflüssen auf die Menschen lesen könne. Ihre Äußerungen seien nur die poetische Formulierung ihres Abschieds von Anselmus. Dem Vater ist bei Heerbrands Worten unbehaglich, er ist gar besorgt, ob dieser Wahnsinn vererbbar ist, und schreibt diesen Zustand der Verliebtheit zu, in der Ehe gebe sich das. Er gibt schnell seinen väterlichen Segen, und noch bevor die Suppe kalt wird, ist Veronika mit Hofrat Heerbrand verlobt.

Nachricht von dem Rittergut, das der Anselmus als des Archivarius Lindhorst Schwiegersohn bezogen, und wie er dort mit der Serpentina lebt. – Beschluss. (Zwölfte Vigilie)

Schwierigkeiten des Erzählers bei Fertigstellung des Textes

Der **Erzähler** berichtet dem Leser von seiner Schwierigkeit, in der letzten Vigilie einen lebhaften Eindruck von Anselmus' Glück mit Serpentina im Reich **Atlantis** zu vermitteln, wo die beiden auf einem Rittergut wohnen. Es will ihm nicht gelingen, das Werk abzuschließen. In dieser Situation fügt es sich glücklich, dass ihm Lindhorst in einem Brief anbietet, bei der Vollendung des Werkes zu helfen. Er soll ins Palmbaumzimmer kommen, in dem schon Anselmus gearbeitet hat, und aufschreiben, was er schaut. Im Übrigen tadelt er, dass sein eigentliches Wesen als Salamander und damit seine Zugehörigkeit zu einer anderen Welt bekannt gemacht wurden. Der Erzähler verteidigt sich damit, dass er nicht alles mitgeteilt habe, was ihm bekannt sei, und außerdem habe Lindhorst mit diesem Brief ja sein grundsätzliches Einverständnis erklärt. Es liege auch in Lindhorsts eigenem Interesse, weil sich auf diese Weise vielleicht Jünglinge für die noch unverheirateten Töchter fänden.

Der Erzähler sucht Lindhorst auf und wird ins Palmbaumzimmer geführt. Dort setzt ihm der Archivarius das Lieblingsgetränk des Kapellmeisters Johannes Kreisler vor, um seine Arbeit zu beflügeln, und verschwindet in den Flammen des angezündeten Branntweins. Der Erzähler genießt das Getränk, wobei er die Flamme vom Getränk weghaucht.

In einer **Vision** sieht der Erzähler über Klängen, Düften, Farben und Licht Anselmus, dem Blumen, Büsche, Bäume, Bäche und Vögel huldigen. Er strebt auf einen Tempel zu, aus dem ihm Serpentina, den goldenen Topf mit einer Lilie mit geöffnetem Kelch in Händen, entgegentritt. Serpentina preist den Zustand der Lilie als höchste Seligkeit, die ihrem Glück gleicht, und unter allseitigem Jubel dankt Anselmus Serpentina, dass der Glaube an sie und ihre Liebe ihm die Lilie als seligmachende Erkenntnis des heiligen Einklangs aller Wesen gebracht haben.

Dem Erzähler ergeht es ganz wie Anselmus, denn mit dem Ende der Vision findet er sie als geschriebenes Manuskript vor. Er beneidet ihn für sein **Glück in Atlantis**, während er wieder in sein begrenztes Leben zurückkehren muss. Doch Lindhorst eröffnet ihm eine andere Sichtweise: Er fragt ihn, ob er nicht in Atlantis einen „Meierhof als poetisches Besitztum“ (HL S. 76/R S. 102) sein Eigen nenne und ob nicht Anselmus' Seligkeit im „Leben in der Poesie“ (HL S. 76/R S. 102) bestehe.

„Leben in der Poesie“

3.3 Aufbau

ZUSAMMEN-
FASSUNG

Der Text spielt in zwei Welten, der realen, die von Widrigkeiten und Glückserwartungen bestimmt wird, und der märchenhaften und mythischen, die Verdammung und Erlösung bringt. Beide durchdringen sich und stellen keine Gegensätze dar. Sie sind unterschiedliche Modi der Wirklichkeit. In der Erzählung wechselt der Modus beständig und verwirrt den Leser, aber Wiederholungen, Handlungsstränge und Entwicklungen strukturieren die Erzählung.

E. T. A. Hoffmanns Erzähltext *Der goldne Topf* trägt den Untertitel *Ein Märchen aus der neuen Zeit*. Die **Verwirrung**, die der Titel bei näherer Betrachtung beim Leser auslöst, wird bei der Lektüre des Textes verstärkt. Der titelgebende Gegenstand des Topfes, zumal mit dem assoziationsreichen Attribut versehen, gehört in den Bereich des Märchenhaften, der gewöhnlich nicht in der angesprochenen „neuen Zeit" zu suchen ist. Dabei ist es unerheblich, ob als Bezugspunkt für die Zeit der Verfasser des Textes, sein Erzähler oder der Leser angenommen wird. Gewöhnlich ist das Märchen außerhalb des alltäglichen Erfahrungsbereichs in unbestimmter vorhistorischer Zeit angesiedelt. Tatsächlich spielt das Geschehen in beiden Bereichen, dem des **Gewöhnlichen**, **Alltäglichen** und dem des **Wunderbaren**, **Sonderbaren**. Die Anwesenheit beider Bereiche und die Situierung des Erzählten darin verunsichern den Leser und erschweren das Verständnis. Der Leser ist beständig herausgefordert, das Gelesene auf seinen Realitätsstatus zu befragen, sein Verständnis zu überprüfen und neu zu ordnen. Diese Wirkung ist zutreffend als Irritation bezeichnet worden. Andere Beschreibungen wie

Zwei Welten

Duplizität, Grenzüberschreitung oder Vexierbild zielen in dieselbe Richtung.

Der Text ist in zwölf **Vigilien** gegliedert, die durchnummeriert und mit kurzen Überschriften versehen sind. Die Bezeichnung Vigilie („Nachtwache“), zu der E. T. A. Hoffmann wohl durch den Roman *Nachtwachen*, 1804 unter dem Pseudonym Bonaventura veröffentlicht, angeregt wurde, fingiert die Erzählsituation, dass die einzelnen Kapitel bei Nacht niedergeschrieben werden. Die kurzen Hinweise zur Handlung in den Untertiteln schaffen keine Orientierung, sondern lenken die Aufmerksamkeit des Lesers auf einzelne Handlungszüge hin.

Die Handlung des Märchens spielt in Dresden in der Zeit vom Himmelfahrtstag bis zum 4. Februar, und es geht um Anselmus, der sich durch Abschreiben sein Studium finanziert, und Veronika, die gern von ihm geheiratet würde, da sie ihm eine Beamtenkarriere zutraut, deren Glanz auch auf sie fallen soll. Doch dazu kommt es nicht. An ihrem Namenstag verlobt sie sich mit Heerbrand, der ihren Erwartungen besser entspricht. Insoweit ist die Handlung im allgemein erfahrbaren Realitätsbereich situiert, Ort und Zeit sind genau angegeben.

Die Handlung spielt aber auch in mythischer Zeit und stellt das Schicksal des Archivarius Lindhorst, der außerhalb der bürgerlichen Welt ein Salamander ist, und das Verhältnis des Anselmus zu dessen Schlangentochter Serpentina dar, für die er sich nach wechselvollem Geschehen entscheidet. Am Ende lebt er mit ihr auf einem Ritterschloss, und der Salamander ist seiner Rettung, für die er seine drei Schlangentöchter verheiraten muss, einen Schritt näher.

Veränderungen

Dabei geschehen viele märchenhafte Dinge. Gegenstände und Personen verwandeln sich, Tiere reden, Licht und Farben glänzen, Magie wird eingesetzt, doch am Ende wird alles gut. Insoweit ist die

Handlung im Bereich des Wunderbaren angesiedelt. Es kommt hinzu, dass beide Bereiche ineinander übergehen und verfließen. So können Figuren beispielsweise beiden Bereichen angehören und entsprechend verschiedene Identitäten annehmen. Es kann sogar vorkommen, dass sich eine Figur quasi auf offener Bühne unter dem Erstaunen und der Verwirrung der Anwesenden in eine andere verwandelt. So gibt der Archivarius Lindhorst Anselmus Rätsel auf, als er sich von ihm entfernt und in einen Geier zu verwandeln scheint. Beide Bereiche sind zugleich gegenwärtig und durchdringen sich wechselseitig. Dadurch wird der Leser immer wieder neu irritiert und verunsichert, ob er das Gelesene richtig verstanden hat.

Der Text enthält dennoch Hinweise, die dem Leser eine **strukturierende Hilfe** sind:

→ Einzelne **Handlungszüge** wiederholen sich, variieren oder verweisen aufeinander. So wird beispielsweise auf den Fluch des Äpfelweibs („– ins Kristall bald dein Fall – ins Kristall!", HL S. 5/R S. 5) eigens hingewiesen, als Anselmus in die Kristallflasche eingesperrt ist (HL S. 64/R S. 85). Dass Veronika unbedingt durch Heirat Frau Hofrätin werden will, sagt sie mehrfach und setzt den Plan auch zielstrebig um; Texte werden mehrfach trotz aller Schwierigkeiten wie von Geisterhand fertig. Die Vision der Schlangen im Holunderbaum wird ebenfalls wieder aufgegriffen – im Ring und im Bibliothekszimmer. Auch die Figur Lindhorsts wird in seiner doppelten Anlage als bürgerlicher Archivar und als erlösungsbedürftiger Salamander durch die sukzessive Darstellung des Mythos und die Erzählung seiner Tochter deutlich.

→ **Handlungsstränge** fügen sich zusammen. So tritt der Erzähler mehrfach auf, um für die vom Schicksal heimgesuchten Figuren Verständnis zu wecken und keine Zweifel bei

Unwahrscheinlichkeiten aufkommen zu lassen. Zweimal setzt er sich für Anselmus ein, zum einen wegen seiner Sehnsucht nach den Schlangen im Holunderbusch und zum anderen wegen seiner Gefangenschaft in der Glasflasche. Als sich Veronika in einer schaurigen Nacht auf freiem Feld der magischen Hilfe der Rauerin bedient, um Anselmus zu gewinnen, appelliert der Erzähler an die Vorstellung und den Mut des Lesers, der jedoch nicht zum Einsatz kam. Veronika ist konsequent darauf bedacht, sich in der bürgerlichen Welt emporzuheiraten, und wechselt deshalb ihren Ehekandidaten.

→ Umso mehr wächst Anselmus in den Mythos hinein. Er macht eine **Entwicklung** durch. Er begegnet dieser Welt, wird von ihr gefangen genommen und gewinnt zweifelnd Abstand davon, bis er sie schließlich rückhaltlos akzeptiert. Seine Entwicklung ist an den Ortswechseln ablesbar. Die erste Begegnung mit Serpentina findet unter dem Holunderbaum statt, im Bibliothekszimmer erfährt er von ihr von dem Schicksal des Salamanders und auf dem Rittergut lebt er schließlich mit Serpentina zusammen.

→ Im Verlauf der Erzählung wird auch der **Mythos** zunehmend deutlicher als Goldenes Zeitalter, als Sündenfall und als Bewährung von Anselmus und Erlösung von Lindhorst. Im Mythos nimmt das Wunderbare ebenso Gestalt an wie in Begegnungen im Alltag, in der Entwicklung des Anselmus, in der Entstehung von Texten, und zwar in denen, die Anselmus kopiert, ebenso wie in dem Text des Erzählers, der durch Lindhorsts Eingriff schließlich noch vollendet wird. Die Auseinandersetzung zwischen den beiden Welten wird immer heftiger, wobei in der Welt des Wundersamen noch eine zusätzliche Auseinandersetzung, nämlich die zwischen Gut und Böse, tobt; die Natur gerät in Aufruhr. Am Ende stehen Entscheidungen von Anselmus und

Veronika. Alle Entwicklungen kommen zu einem Abschluss, doch darin erschöpft sich der Text nicht.

→ **Das Erzählen** fügt die einzelnen Handlungszüge immer wieder neu zusammen, bis zum Schluss das Erzählen sich selbst erzählt. Das Wunderbare ist in ästhetischer Gestalt im Bereich des Alltags präsent; es geht nicht mehr um sich ausschließende Gegensätze, sondern um Durchdringungen; beide sind Realität, beide haben nur unterschiedlichen Realitätsstatus und je nach Erfahrung, Besonnenheit und ästhetischer Begabung wechselt die Einschätzung und Einstellung der Personen. Am besten wird dies wohl mit dem Blick durch ein **Kaleidoskop** verglichen, in dem viele kleine Glasteile sich zu immer wieder neuen erstaunlichen Bildern zusammenfügen.

REALITÄTSMODI

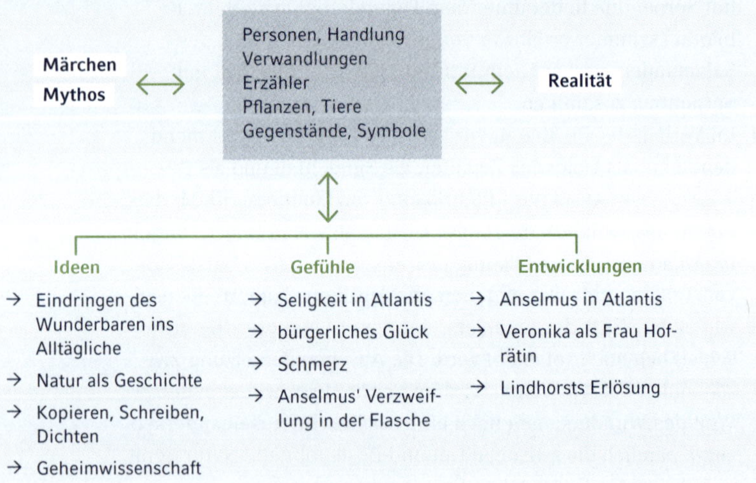

3.4 Personenkonstellation und Charakteristiken

ZUSAMMEN-FASSUNG

Die Personen des Märchens sind vielschichtig dargestellt. Sie sind auf unterschiedliche Art den beiden **Welten des Alltags und des Wunders** zugeordnet und tragen dazu bei, sie auszugestalten. Die Figuren stehen in einem größeren Kontext. Die beiden Welten, die des Alltags und des Wunders, berühren und durchdringen sich.
Anselmus gehört zum Typus des Sonderlings. Er entwickelt sich, und am Ende ist er zusammen mit Serpentina das Gegenbild zu Heerbrand mit Veronika. Paulmann und Heerbrand treten nur in ihrem privaten Umkreis auf. Dennoch reden sie sich mit ihren Dienstbezeichnungen an. Lindhorst und die Rauerin gehören zu beiden Realitätsmodi und haben großen Einfluss auf Anselmus bzw. Veronika.

Grundzüge der Personen

1. Keine Figur ist das, was sie zu sein vorgibt. Es finden fortwährend Veränderungen statt, oder die Wahrnehmung einer Person verändert sich. Eine Person wie z. B. die Rauerin ist am Anfang das Äpfelweib, sie ist Veronikas Kinderfrau Liese, und sie ist die Hexe, die für sie den Liebeszauber ausführt. Außerdem war sie die Kaffeekanne bei Veronika zu Hause, so dass sie über Veronikas Wunsch informiert ist. Im ständigen Wechsel ist die Gefühlslage von Anselmus und Veronika. Zwischen Glücksgefühl und Traum, zwischen Grausen und schlechtem Traum liegt oft nur eine kurze Zeitspanne. Die Figuren sind mehrfach oder ambivalent besetzt.

2. Die Handlung spielt im realen bürgerlichen Leben. Hier ist alles genau dargestellt. Schauplatz ist Dresden, die Daten der Handlung werden genau angegeben. Die Personen werden nach gesellschaftlichem Status, Sprache und Kleidung eingehend beschrieben. Lindhorst, Paulmann und Heerbrand werden nie ohne ihren Dienstgrad (Archivarius, Konrektor, Registrator/Hofrat) genannt. Die Welt der Bürger ist übersichtlich geordnet, in ihr spielt sich alles nach fester Gewohnheit ab, die Ordnung wird für vernünftig gehalten. Jedoch ist diese Welt ständig bedroht und kann unversehens aus den Fugen geraten. Das ist der Brüchigkeit ihrer Grundlage geschuldet. Die Behaglichkeit des Daseins artet schnell in zügellosen Genuss und Rausch aus. Tabak und Alkohol sind die offenen Tore der realen Welt, Rausch und Krankheiten bedrohen die bürgerliche Sicherheit. Das ist schon den Spaziergängern am Elbufer anzumerken, und das Freundespaar Paulmann und Heerbrand unterliegt der Gefahr beim Punschgelage. Gerade weil diese Personen spüren, dass ihr **Lebensgefühl auf brüchiger Grundlage** ruht, sehen sie so oft die Gefahr bei anderen Personen. Für die Spaziergänger ist Anselmus nicht bei Sinnen, nach Meinung Paulmanns und Heerbrands soll durch Abschreiben zur Raison gebracht werden, Veronikas Fieber ist für den Vater und den Arzt unerklärlich. Traum, Krankheit und Roman (Chiffre für den Gegensatz zur bürgerlichen Welt) sind immer wieder herangezogene Ursachen für abweichendes Verhalten.

Welt der Bürger

Welt des Wunders

Von der **philiströsen Alltagswelt** des Bürgers ist die Welt des Wunders, des Märchens, des **Mythos** abgehoben. Darin gibt es Elementargeister, Kobolde und Hexen, Zauber und Magie und den Kampf zwischen dem Guten und dem Bösen. Lindhorst ist aus einem paradiesischen Zustand vertrieben worden und teilt als Salamander in menschlicher Gestalt die Bedürftigkeit der menschlichen Existenz, bis er durch die Heirat seiner drei Töchter erlöst wird. In personaler **Pluralität**, als beamteter Archivarius und als Salamander, ist er im Märchen gegenwärtig. Anselmus schwankt mit seiner Zuneigung zwischen Serpentina und Veronika, bis er sich in der Eingeschlossenheit der Glasflasche rückhaltlos für Serpentina entscheidet. Anselmus entwickelt sich vom unbeständigen Studenten, der von seiner bürgerlichen Umwelt beargwöhnt wird, zum Dichter, der zu seinem Künstlertum steht.

3. Die Personen sind in einem größeren **Zusammenhang** zu sehen. Die Rauerin sieht sich in einer Auseinandersetzung mit Lindhorst, und sie sucht Anselmus zu schaden, wo sie kann. Als er in der Flasche eingesperrt ist, kommt es zur Auseinandersetzung zwischen Lindhorst und der Hexe. Sie unterliegt, und Anselmus kommt frei. Dazu schafft er durch seine Entscheidung für Serpentina die Voraussetzung.
4. Märchen und Realität sind **zwei Modi der Wirklichkeit**. Das Märchenhafte ist im Alltag gegenwärtig. Beide stellen ihren Anspruch an die Personen. So stehen Veronika mit ihrem Vater Paulmann und Serpentina mit ihrem Vater Lindhorst für die beiden Realitätsmodi, die in Anselmus herrschen. Veronika und Konrektor Paulmann vertreten die bürgerlichen Ansprüche an ihn, Serpentina und Lindhorst beanspruchen ihn für die Poesie. Sein Glück findet Anselmus erst in Atlantis.

Die Figuren lassen sich zu Konstellationen zusammenfassen und charakterisieren wie in der Grafik auf Seite 56 dargestellt.

Anselmus

Anselmus ist ein **Tollpatsch**, dem alles, was er tut, missrät. Das Märchen setzt mit einer solchen Szene ein. Auf dem Weg vor die

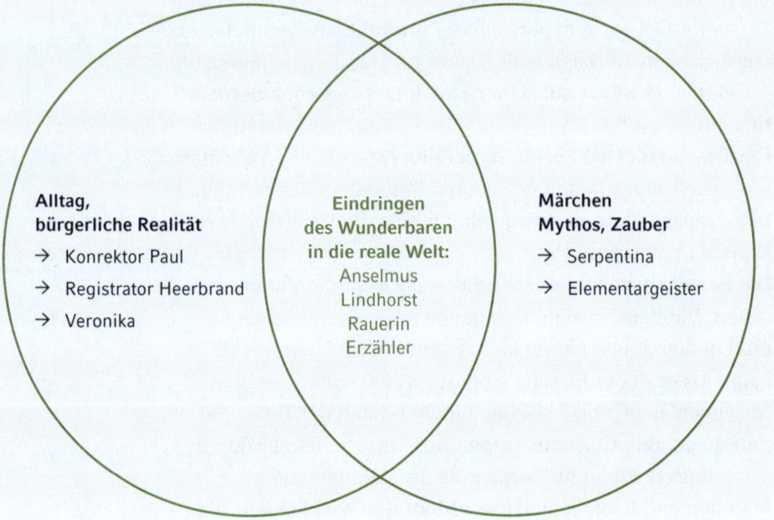

Stadt, wo er an der Feier des Himmelfahrtstages durch die Bürger teilnehmen will, wirft er die Marktauslage des Äpfelweibs um und sucht unter ihren Verwünschungen eilends das Weite. Er möchte gern sein wie die anderen, aber das ist ihm verwehrt. Er lässt sich fernab von der Gesellschaft der anderen nieder, wo er von den Schlangen im Holunderbaum magisch angezogen wird. Als er nach ihrem Rückzug immer noch unter ihrem Eindruck steht, wird er von Spaziergängern für betrunken gehalten. Durch sein Verhalten und seine Kleidung grenzt er sich immer wieder von den Bürgern ab. Er trägt einen „ganz aus dem Gebiete aller Mode liegenden Anzug“ (HL S. 5 /R S. 6). Dies unterstreicht seinen Status als Student, der den Bürgern ohnehin wegen seiner unregelmäßigen Lebensform suspekt ist. So ist Anselmus verzweifelt. Für ihn ist es ein „Verhängnis“ (HL S. 6/R S. 7), dass er immer Pech hat.

„zu allem möglichen Kreuz und Elend geboren“

Der Distanz zur Gesellschaft entspricht das Selbstgespräch. Er ist auf sich selbst zurückgewiesen. Er lebt als das, was er ist und was er sein möchte. Er ist offen für Phänomene, die seine Umgebung nicht oder anders wahrnimmt. Das weckt in ihm Verlangen, Sehnsucht, Wehmut wie unter dem Holunderbaum oder stürzt ihn in „ein nie gekanntes Gefühl“, (HL S. 9/R S. 15) wie bei der Überfahrt über die Elbe. Er ist offen für das Wunderbare, und darin gilt er den anderen sonderbar: Sie halten ihn für krank, betrunken, träumend oder fantasierend. In solchen Situationen schwankt Anselmus, indem er sich zunächst dem Zauber ganz hingibt und sich dann von ihm distanziert. Er ist dankbar, wenn man sich um ihn bemüht, und er ist bereit, die Deutungsversuche seiner Umgebung zu übernehmen. So lässt er sich immer wieder von Konrektor Paulmann, dessen Tochter Veronika und Registrator Heerbrand einladen. Anselmus ist künstlerisch talentiert. Er kann hinreichend Klavier spielen, um Veronikas Gesangsvortrag bei der Hausmusik zu begleiten, und er hat Kalligraphien und Zeichnungen, die er Lindhorst als Arbeitsproben zeigen kann. Er wird ihm für das Kopieren von Manuskripten empfohlen. Nachdem es ihm beim ersten Mal nicht gelingt, in Lindhorsts Haus zu gelangen, weil sich der Türöffner in das Äpfelweib verwandelt und er das Bewusstsein verliert, wird er für „seelenkrank“ (HL S. 20/R S. 26) gehalten. Als er schließlich mit Lindhorsts Hilfe, der ihm ein Gegenmittel gibt, dazu kommt, für ihn Kopien anzufertigen, löst er sich von den Widrigkeiten der Alltagswelt. „Er fühlte, wie ein unbekanntes Etwas in seinem Innersten sich regte und ihm jenen wonnevollen Schmerz verursachte, der eben die Sehnsucht ist, welche dem Menschen ein anderes höheres Sein verheißt.“ (HL S. 23/R S. 29) Die Arbeit an den Manuskripten hebt ihn über „sein dürftiges Leben“ (HL S. 23/R S. 29), so dass er „im

Anselmus und Serpentina in der Bibliothek der Palmbäume
© Kay Konrad, www.kaykonrad.de

Anschauen der mannigfachen Bilder, die aus seinem Innern stiegen, sich gleichsam selbst wiederfinden konnte“ (HL S. 23/R S. 29). Das Abschreiben bereitet Anselmus keine Mühe, die Buchstaben finden nahezu allein den Weg auf das Papier, und als Lohn für seine Arbeit, die als „Lehrzeit“ (HL S. 41/R S. 54) bezeichnet wird, wird ihm die Liebe Serpentinas in Aussicht gestellt. Sie enthüllt ihm, dass der Text über einen Salamander die Lebensgeschichte ihres Vaters darstellt. Er bedarf der Erlösung durch ein „kindliches poetisches Gemüt“ (HL S. 53/R S. 70). Trotz des Glücksgefühls über die gelungene Arbeit, die Nähe Serpentinas und seine Aussichten sehnt er sich nach Veronika. Am nächsten Tag will ihm die Arbeit überhaupt nicht von der Hand gehen, und schließlich macht er einen Tintenklecks auf das Original. Zur Strafe dafür wird er in eine Kristallflasche gesperrt, womit sich der Fluch des Äpfelweibs erfüllt hat. Anselmus betrachtet sein Schicksal als selbstverschuldet durch seine Zweifel an Serpentina. Leiden („namenlose Marter“, HL S. 62/R S. 83) und Angst („Entsetzen und Verzweiflung“, HL S. 65/R S. 87) werden zur Voraussetzung für die Erlösung, und als sich Anselmus im Kampf mit dem Äpfelweib von Veronika lossagt, bekennt er sich zu Serpentina. Durch „Treue“ wird das „feindliche Prinzip“ (HL S. 67/R S. 89) überwunden, und er kommt frei. Danach gibt es für ihn kein Schwanken mehr zwischen der Welt des Wunderbaren und des Alltags. Er hat sich entwickelt. Anselmus wird Lindhorsts Schwiegersohn und bezieht mit Serpentina ein Rittergut auf Atlantis, wo er zum Dichter wird.

„kindliches poetisches Gemüt“

Konrektor Paulmann und Registrator Heerbrand

Als gute Bekannte kommen sie oft gesellig zusammen. Konrektor Paulmann ist Vater zweier Töchter, der heiratsfähigen Veronika und des zwölfjährigen Fränzchen, und zusammen mit Registrator Heerbrand lädt er Anselmus immer wieder nach Hause ein, um dessen

Interesse an seiner Tochter Veronika zu wecken. Während Paulmann durch die Lektüre von Ciceros De officiis als gebildet und pflichtbewusst dargestellt wird, hat Heerbrand eine gewisse Offenheit für Dinge, welche die alltägliche Erfahrungswelt überschreiten. Während Paulmann Anselmus' Verhalten für Träume, Anfälle, Phantasmata hält, die als seelische Krankheit zu behandeln sind – was entsprechend dem medizinischen Stand der Zeit bedeutet, dass Blutegel anzusetzen sind (HL S. 14/R S. 17) –, bringt Heerbrand teilweise Verständnis für ihn auf. Allerdings erweisen sich Träume und Inspiration nur als Vehikel für bürgerliche Entspannung (HL S. 13/R S. 16). Dennoch tadelt Paulmann seinen Freund Heerbrand für seinen „Hang zu den Poeticis" (HL S. 13/R S. 16). Trotz Bedenken fördert Paulmann lange die Verbindung zwischen Anselmus und Veronika. Doch nach durchzechter Nacht distanziert er sich von Anselmus und Heerbrand, wird jedoch sofort anderen Sinns, als der zum Hofrat ernannte Heerbrand um die Hand seiner Tochter anhält.

Karriere und Heiratsantrag

Archivarius Lindhorst und die Rauerin

Lindhorst gehört beiden Welten an. Als Archivarius führt er ein bürgerliches Leben, seine Abstammung, die er Konrektor Paulmann und Registrator Heerbrand erzählt (HL S. 18f./R S. 21 ff.) und die bei beiden auf Unverständnis stößt, führt zurück in die Welt des Mythos. Auf seine **Doppelexistenz** als Salamander und Beamter bezieht sich Lindhorst selbst in seinem Brief an den Erzähler in der zwölften Vigilie. Auch sonst ist Lindhorst jederzeit in seiner doppelten Rolle gekennzeichnet. Er wird eingangs vorgestellt als „ein alter wunderlicher merkwürdiger Mann, man sagt, er treibe allerlei geheime Wissenschaften" (HL S. 14/R S. 18). Die Beschreibung wird sogleich wieder zurückgenommen; „da es nun aber dergleichen eigentlich nicht gibt, so halte ich ihn eher für einen forschenden Antiquar,

„geheime Wissenschaften"

auch wohl nebenher für einen experimentierenden Chemiker" (HL S. 14/R S. 18). Eigenartig ist die Wirkung auf Anselmus. Die „starren ernsten Augen" und die „sonderbar metallartig tönende Stimme" (HL S. 19/R S. 25) lassen Anselmus erbeben. Die erste Begegnung mit ihm lässt Anselmus spüren, „wie ein Eisstrom ihm durch alle Adern fröstelte, dass er beinahe zur starren Bildsäule worden" (HL S. 21/R S. 27). Lindhorsts Villa liegt abseits am Stadtrand und ist mit Pflanzen und Tieren ausgestattet. Dort soll Anselmus Manuskripte kopieren. Seine Gönner Paulmann und Heerbrand verbinden damit die Erwartung, dass Anselmus zur Raison kommt. Dort jedoch ist Anselmus magischen Einflüssen ausgesetzt. Lindhorst lässt Anselmus seine Tochter Serpentina im Ring sehen. Indem er Lindhorsts Manuskripte abschreibt, begegnet er dem Mythos. Dazu tragen die verwirrenden Sinneseindrücke sowie die Flora und Fauna bei, die ihn umgeben. Serpentina unterstützt seine Arbeit. Durch sie erfährt er, dass Lindhorst, ihr Vater, ein Salamander ist, der zur Strafe unter die Menschen verbannt worden ist und ihre Bedürftigkeit teilt, aber durch die Verheiratung seiner drei Töchter, der Schlangen im Holunderbusch, erlöst werden kann. Dazu bedürfe es Jünglinge mit kindlichem poetischem Gemüt (HL S. 53/R S. 70). In dieser Hinsicht ist Lindhorst in derselben Situation wie der Konrektor Paulmann. Beide müssen ihre Töchter verheiraten. Doch während Paulmann ohne Nachdenken dem gesellschaftlichen Zwang folgt, ist Lindhorst existentiell auf seine Erlösung angewiesen. Er ist ein Wesen, das ständigen **Metamorphosen** unterliegt. In der Wahrnehmung von Anselmus wird er zum Geier, und bei dem Punschgelage ist er in der Terrine anwesend. Doch für die erlösende Rückverwandlung ist er auf Menschen mit poetischem Gemüt angewiesen; so einen findet er in Anselmus. Ihn unterstützt er deshalb nach Kräften, und am Schluss kommt es auch zu einem märchenhaften Ende für Anselmus. Allerdings wird Lindhorst noch nicht erlöst, da er noch zwei weitere Töchter verheiraten muss.

Rollenpluralität

Die Figur der Rauerin tritt im Text in verschiedenen Rollen auf. Sie ist zunächst das Äpfelweib, mit dem Anselmus aneinandergerät, indem er in ihren Korb tritt. Die Verwünschung, die sie ihm nachruft, realisiert sich, als er in Lindhorsts Labor in die Flasche eingesperrt ist. Als Markthändlerin gehört sie der **Alltagswelt** an, doch durch den Fluch und die Wirkung ihrer Stimme deutet sich schon die Zugehörigkeit zur **Märchenwelt** an. „Die gellende, krächzende Stimme des Weibes hatte etwas Entsetzliches, so dass die Spaziergänger verwundert stillstanden" (HL S. 5/R S. 5), und Anselmus wird „von einem unwillkürlichen Grausen ergriffen" (HL S. 5/R S. 5). Die Zuschauer verstummen und empfinden Sympathie mit ihm („Der arme junge Mann – Ei! über das verdammte Weib!", HL S. 5/R S. 5). Auch sie kann sich verwandeln – in eine Kaffeekanne, in einen Türklopfer –, sie kann in die Zukunft sehen und beherrscht die schwarze Magie. Am Ende gelingt es dem Salamander allerdings, sie zu besiegen.

Serpentina und Veronika

Serpentina gehört mit ihren beiden Schwestern der Welt des Zaubers an. Ihr Name, vom lateinischen Wort „serpens" für Schlange abgeleitet, bezeichnet sowohl ihre Gestalt als auch die Schlangenlinie als Stilideal einer flüssigen Handschrift für die Kopistentätigkeit von Anselmus. Beide Bezeichnungen gehören zusammen. Durch die Verbindung von Serpentina und Anselmus wird Lindhorst teilerlöst.

Erlösung durch Verbindung

Veronika, die Tochter des Konrektors Paulmann, ist gemäß den bürgerlichen Vorstellungen für Ehe und Familie erzogen. Sie hat ein angenehmes Äußeres („schöne dunkelblaue Augen", HL S. 13/R S. 16, „schlanken Wuchs und eine feine Hand", HL S. 29/R S. 38), hält sich in Gesellschaft zurück, beherrscht Gesang für die Hausmusik und ist hauptsächlich daran interessiert, einen Ehemann mit hohem gesellschaftlichem Status zu erobern. Als Registrator Heerbrand äußert, dass Anselmus das Zeug zum Hofrat hat, bemüht sie sich um ihn und sieht sich schon als Hofrätin. Diese Art der „Träumerei" (HL S. 29/R S. 38) öffnet ihren Alltag und macht sie empfänglich für Einflüsterungen. Als ihr eine koboldartige Gestalt voraussagt, dass es dazu nicht kommen werde („er liebt dich ja nicht, unerachtet du blaue Augen hast und einen schlanken Wuchs und eine feine Hand", HL S. 29/R S. 38), ist sie zutiefst getroffen („Da goss sich ein Eisstrom durch Veronikas Innres, und ein tiefes Entsetzen vernichtete die Behaglichkeit, mit der sie sich nur noch erst im Spitzenhäubchen und den eleganten Ohrringen gesehen", HL S. 29/R S. 38). Damit sich ihre Hoffnungen erfüllen, geht Veronika zur Seherin und lässt sie Liebeszauber einsetzen. Der Eindruck des Grausigen, der sich bei dem Besuch der Rauerin einstellt, verflüchtigt sich in der Erinnerung („der Eindruck des Unheimlichen, Grausigen stumpfte sich ab, so dass alles Wunderliche, Seltsame ihres Verhältnisses mit der Alten ihr nur im Schimmer des Ungewöhnlichen, Romanhaften erschien, wovon sie eben recht angezogen wurde", HL S. 42/R S. 55). Der **Liebeszauber**, den sie am Äquinoktialtag) vollführen lässt, wirft sie auf das Krankenlager, aber in ihrem Wunschdenken ist das Geschehen „nur ein ängstlicher Traum, der mich gequält hat" (HL S. 46/R S. 61), bis schließlich der nasse Mantel und ein **Metallspiegel** als Zauberutensil sie davon überzeugen, dass der Zauber wirklich stattgefunden hat. Es gelingt ihr, Anselmus ein Heiratsversprechen abzuringen, aber nur unter der Bedingung, dass er Hofrat wird. Statt Anselmus wird Heerbrand Hofrat. Beförderung, Gratulation zum Namenstag und Schmuck bewirken bei ihr schnell eine neue Entscheidung. Durch ein „Geständnis", durch Reue und Abschwören („Ich schwöre nochmals allen Satanskünsten ab und gönne dem Anselmus herzlich sein Glück", HL S. 71/R S. 94) qualifiziert sie sich für die Heirat mit Heerbrand.

Heirat für sozialen Status

Veronikas Sinneswandel

3.5 Sachliche und sprachliche Erläuterungen

Erste Vigilie

HL S. 5/R S. 5	**Vigilie**	Nachtwache, hier: Kapitelbezeichnung
HL S. 5/R S. 5	**Konrektor**	amtliche Bezeichnung, Dienststellung z. B. eines stellvertretenden Schulleiters
HL S. 5/R S. 5	**Sanitätsknaster**	(studentensprachl.) minderwertiger Tabak
HL S. 5/R S. 5	**Himmelfahrtstage**	Feiertag Christi Himmelfahrt, vierzigster Tag nach Ostersonntag; zw. 30. April und 3. Juni
HL S. 5/R S. 5	**durchs Schwarze Tor**	Teil der Dresdner Stadtbefestigung, 1632 erbaut und 1811 wieder abgetragen
HL S. 5/R S. 5	**Gevatterinnen**	„Gevatter“: (eigentl.) Pate, Nachbar, Anrede für nahestehende Menschen, die nicht zur Familie gehören; hier: Marktfrauen
HL S. 5/R S. 5	**Kristall**	Anspielung auf Wahrsagen mit Hilfe einer Kristallkugel
HL S. 5/R S. 6	**schwarzatlasne [...] Unterkleid**	Kleidungsstück, hier wohl Frackweste, aus schwarzem Atlas, einem billigen Seidenmaterial
HL S. 5/R S. 6	**nach dem Linkischen Bade**	Ausflugslokal vor der Stadt, vor dem Schwarzen Tor gelegen
HL S. 5/R S. 6	**Bouteille**	(frz.) Flasche
HL S. 5/R S. 6	**schlampampen**	gierig essen, schlemmen
HL S. 6/R S. 7	**Holunderbaume**	Im Volksglauben wurden dem Holunder magische Wirkungen zugeschrieben.

HL S. 6/R S. 7	**Bohnenkönig**	Brauch, bei dem am Dreikönigstag jemand, der eine im Kuchen eingebackene Bohne findet, scherzhaft zum „Bohnenkönig" wird.
HL S. 6/R S. 7	**Kümmeltürke**	(eigtl.) Angeber; hier (studentensprachl.) Student, der in der Nähe der Universität beheimatet ist
HL S. 6/R S. 7	**Laminge**	Lemminge, Wühlmäuse, die beim Vorwärtskommen Hindernissen nicht ausweichen
HL S. 6/R S. 7	**Kollegium**	hier: Vorlesung an der Universität
HL S. 7/R S. 8	**Zöpfchen**	Zopf der Perücke als Standessymbol der Vertreter des absolutistischen Staates
HL S. 7/R S. 8	**Sandbüchse**	Dose mit Streusand zum Löschen der Tintenschrift
HL S. 7/R S. 8	**Relation**	(lat.) Bericht
HL S. 7/R S. 8	**Marqueur**	(frz.) hier: Kellner
HL S. 8/R S. 9	**Donauweibchen**	Oper von Ferdinand Knauer (1751–1831), Urauff. 1799
HL S. 8/R S. 9	**Fittige**	„Fittich": (poet.) Flügel
HL S. 8/R S. 9	**lispeln**	beim Reden mit der Zunge anstoßen, flüstern (auch von dem pfeifenden Geräusch von Schlangen)
HL S. 9/R S. 11	**Flor**	hier: Schleier

Zweite Vigilie

HL S. 10/R S. 13	**lamentier'**	„lamentieren": (lat.) klagen
HL S. 11/R S. 13	**Kandidat**	(lat.) Student im höheren Semester

HL S. 11/R S. 13	**bei dem Ko-sel'schen Garten**	Garten, an der Elbe in der Dresdner Neustadt gelegen, nach dem sächsischen General Graf Friedrich August Cosel (1712–1770) benannt
HL S. 11/R S. 14	**Registrator**	amtliche Bezeichnung, Dienststellung z. B. eines Registerbeamten am Gericht
HL S. 11/R S. 14	**Pirnaer Vorstadt**	Stadtteil Dresdens
HL S. 11/R S. 14	**bei dem An-ton'schen Garten**	Garten, dem Cosel'schen Garten gegenüber auf dem anderen Elbufer gelegen
HL S. 12/R S. 15	**gravitätischen**	„gravitätisch" (lat.): würdevoll, stolz, gemessen
HL S. 13/R S. 16	**Frakturschrift**	Schriftart mit gebrochenen Linien: Fraktur
HL S. 13/R S. 16	**zu den Poeticis**	(lat.) zur Dichtkunst
HL S. 14/R S. 17	**Phantasmata**	(griech.) Sinnestäuschung, Trugbilder
HL S. 14/R S. 17	**salva venia**	(lat.) mit Verlaub
HL S. 14/R S. 17	**frugalen**	„frugal": einfach, schlicht
HL S. 14/R S. 18	**Bravour-Arie**	schwierige, auf virtuose Wirkung abzielende Arie
HL S. 14/R S. 18	**Kapellmeister Graun**	Karl Heinrich Graun (1704–1759), Komponist, Hofkapellmeister unter Friedrich dem Großen
HL S. 14/R S. 18	**akkompagnierte**	„akkompagnieren": begleiten
HL S. 14/R S. 18	**fugiertes Duett**	Gesangsstück in der Art einer Fuge
HL S. 14/R S. 18	**Antiquar**	hier: Altertumsforscher

HL S. 15/R S. 18	**koptisches Zeichen**	Schriftzeichen, die aus dem griechischen Alphabet für die Verschriftlichung der koptischen Sprache, einer Weiterentwicklung des Ägyptischen, entwickelt wurden
HL S. 15/R S. 18	**Pergament**	wertvolles Schreibmaterial aus Tierhäuten
HL S. 15/R S. 19	**Speziestaler**	geprägte Silbermünze
HL S. 15/R S. 19	**kalligraphischen**	„Kalligraphie" (griech.): Schönschrift
HL S. 15/R S. 19	**Heller**	Kupfermünze von kleinem **Wert**
HL S. 16/R S. 20	**in Conradis Laden**	Konditorei, nach dem Inhaber Wilhelm Conradi benannt
HL S. 16/R S. 20	**annoch**	(veraltet) betonte Form von „noch"

Dritte Vigilie

HL S. 19/R S. 24	**Desperation**	(lat.) Verzweiflung
HL S. 19/R S. 24	**Onyx**	schwarzer Halbedelstein aus Quarz
HL S. 19/R S. 25	**Karfunkel**	feuerroter Edelstein aus Granat
HL S. 19/R S. 25	**Nekromant**	Toten- und Geisterbeschwörer
HL S. 19/R S. 25	**Sommerlogis**	Sommerwohnung
HL S. 20/R S. 25	**Portechaise**	(frz.) Tragstuhl, Sänfte
HL S. 20/R S. 26	**zur Raison bringen**	(Redensart) zur Vernunft bringen

Vierte Vigilie

HL S. 24/R S. 31	**Gönner**	hier: Anhänger, guter Freund
HL S. 26/R S. 34	**fatale Kreatur**	widerwärtiges Geschöpf
HL S. 26/R S. 34	**Possen**	Streiche
HL S. 26/R S. 34	**Liquor**	(lat.) Flüssigkeit

Fünfte Vigilie

HL S. 27/R S. 36	**applizieren**	anwenden, hier: verwendbar sein
HL S. 28/R S. 36	**Konnexionen**	Verbindungen
HL S. 28/R S. 37	**repetieren**	wiederholen, mehrfaches Schlagen der Uhr
HL S. 29/R S. 38	**de Officiis**	das Buch De officiis („Von den Pflichten"): einflussreiche philosophische Mahnschrift über die Pflichterfüllung von Marcus Tullius Cicero (106–43 v. Chr.) an seinen Sohn
HL S. 30/R S. 39	**Alräunchen**	„Alraune": Nachtschattengewächs; die Wurzel der Mandragorapflanze mit menschenähnlichem Aussehen ist in Medizin und Volksglauben bedeutsam; hier: Kobold
HL S. 33/R S. 44	**Auripigment**	Arsensulfid, Mineral mit goldgelbem Farbton, das als Pulver früher gegen Hautkrankheiten eingesetzt wurde
HL S. 34/R S. 45	**Pudermantel**	Umhang beim Pudern der Perücke
HL S. 35/R S. 46	**Äquinoktium**	Die Tagundnachtgleichen markieren den Beginn des astronomischen Frühlings bzw. des astronomischen Herbstes. Am 22. oder 23. September (hier: am 23., vgl. S. 57 und 61) läuft die Sonne durch den Herbstpunkt und überschreitet den Himmelsäquator von Norden nach Süden. Danach befindet sie sich auf der südlichen Himmelshälfte, das heißt die Südhalbkugel der Erde ist der Sonne zugewandt. Auf der Nordhalbkugel beginnt mit der September-Tagundnachtgleiche der Herbst.

Sechste Vigilie

HL S. 35/R S. 46	**Tuschstangen**	in Stangenform gepresstes Mal- und Schreibmaterial
HL S. 36/R S. 47	**damastnen**	„Damast": schwerer gemusterter Stoff
HL S. 37/R S. 48	**postpapiernen**	aus Schreibpapier
HL S. 37/R S. 49	**Mobilien**	(lat.) bewegliche Güter
HL S. 37/R S. 49	**Porphyrplatte**	Platte aus vulkanischen Mineralien
HL S. 39/R S. 51	**Hahnenfüße**	missratener Schriftzug
HL S. 39/R S. 51	**anfechten**	hier: nicht aufregen

Siebente Vigilie

HL S. 43/R S. 58	**im Goldnen Engel oder im Helm oder in der Stadt Naumburg**	Gasthöfe in Dresden
HL S. 44/R S. 59	**dieses Rembrandt'schen oder Höllenbreughel'schen Gemäldes**	Anspielung auf Rembrandt Harmenszoon van Rijn (1606–1669) und Pieter Breughel d. J., genannt Höllenbrueghel (1564–1638), niederländische Maler; ihre Malweise und Thematiken: dunkle Farben, Nachtstücke usw.

Achte Vigilie

HL S. 48/R S. 63	**Bhogovotgitas Meister**	(eigtl.) „Bhagavadgita" („Gesang Gottes"): hinduistisches Gedicht auf Sanskrit, vermutlich zwischen dem 5. und 2. Jahrhundert v. Chr. entstanden, Teil des Epos Mahabharata; Friedrich Schlegel wies in seinem Buch Über die Sprache und Weisheit der Inder (Heidelberg 1808) auf das für die Inder religiös und national bedeutsame Epos hin. – Anselmus soll sich mit den altindischen Dichtern beschäftigen.
HL S. 48/R S. 64	**Toupet**	(frz.) Perücke
HL S. 49/R S. 65	**Magus**	Magier, Seher, Zauberer
HL S. 51/R S. 67	**Elementargeister**	halbgöttliche Naturwesen: Feuergeister = Salamander, Wassergeister = Undinen, Luftgeister = Sylphen und Erdgeister = Gnome

Neunte Vigilie

HL S. 55/R S. 74	**Amice**	(lat.) Freund (Anrede)
HL S. 56/R S. 74	**Blödigkeit**	Unsicherheit, Furcht, hier: Schüchternheit
HL S. 57/R S. 76	**seines Matins**	„Matin": weitgeschnittene Jacke
HL S. 57/R S. 76	**Reprisen**	„Reprise": Wiederholung
HL S. 57/R S. 76	**Arrak**	hochprozentiger Reisbranntwein
HL S. 58/R S. 78	**Cousin germain**	(frz.) Neffe
HL S. 59/R S. 78	**Vivat ... pereat**	(lat.) Jubelruf („Es lebe"), Verwünschung („es gehe zu Grunde")
HL S. 59/R S. 79	**Eheu – Eheu – Evoe**	Jubelruf beim Fest des Weingottes Bacchus
HL S. 59/R S. 79	**eine Lache**	Gelächter
HL S. 60/R S. 80	**retirieren**	zurückziehen

HL S. 61/R S. 81	**Basilisken**	Fabelwesen mit giftigem Atem und feurigen Augen
HL S. 61/R S. 82	**Repositorium**	Regal, Bücherbrett

Zehnte Vigilie

HL S. 62/R S. 83	**Kreuzschüler**	Schüler der Kreuzschule (schola crucis), Dresdner Gelehrtenschule, Lateinschule, 1300 gegründet, heute Evangelisches Kreuzgymnasium; dort werden auch heute noch die Sänger des Kreuzchors ausgebildet.
HL S. 63/R S. 84	**Gaudeamus igitur**	(lat.) Studentenlied („Lasst uns also fröhlich sein")
HL S. 65/R S. 86	**Wechselbalg**	missgestaltetes Wesen
HL S. 65/R S. 86	**Folianten**	große Bücher im Folio-Format (ca. DIN A 3)
HL S. 66/R 88	**Douceur**	(frz.) Süßigkeit, Leckerei
HL S. 67/R S. 89	**Allotriis**	(griech.) „Allotria": Unfug, Schabernack, vgl. „Hallodri": unbeständiger Mensch

Eilfte Vigilie

HL S. 69/R S. 91	**mente captus**	(lat.) verrückt
HL S. 68/R S. 91	**apage Satanas!**	(griech.) Weiche, Satan!
HL S. 69/R S. 91	**Sonntagskind – Schwestern von Prag**	Das Neusonntagskind (1793) und Die Schwestern von Prag (1794): Singspiele von Wenzel Müller (1759 oder 1767 bis 1835)
HL S. 69/R S. 92	**Ingredienzen**	Bestandteile, Zutaten
HL S. 69/R S. 92	**Patent cum nomine et sigillo principis**	(lat.) Urkunde mit Unterschrift und Siegel des Fürsten
HL S. 71/R S. 95	**Deszendenz**	(lat.) Nachkommen

HL S. 71/R S. 95	**Malum**	(lat.) Übel, Krankheit
HL S. 72/R S. 95	**hinauflorgnettierend**	mit einer Stilbrille (frz. Lorgnette) hinaufblickend

Zwölfte Vigilie

HL S. 72/R S. 96	**Billett**	(frz.) Brief
HL S. 73/R S. 97	**Gabalis und Swedenborg**	Montfaucon de Villars 1638–1673), Verfasser des Buchs Der Graf von Gabalis oder Gespräche über die verborgenen Wissenschaften (1670, dt. 1782); Emanuel Swedenborg (1688–1772), schwedischer Theosoph; beide befassten sich in ihren Schriften mit Elementargeistern.
HL S. 74/R S. 98	**Johannes Kreisler**	Figur in mehren Werken Hoffmanns
HL S. 75/R S. 99	**rischeln**	rascheln
HL S. 76/R S. 102	**Meierhof**	Bauernhof

3.6 Stil und Sprache

ZUSAMMEN-FASSUNG

Als Märchen aus der neuen Zeit hat E. T. A. Hoffmann den *Goldnen Topf* im Untertitel bezeichnet. Darin sind die beiden Ebenen der Wirklichkeit angesprochen, die zueinander ins Verhältnis gesetzt werden:

→ die Sphäre des Alltags, der bürgerlichen Realität (neue Zeit) und
→ die Sphäre des Wunders, des Zaubers (Märchen).

Beide Bereiche sind im Text für sich und im Verhältnis zueinander mehrdeutig gestaltet, wobei die Perspektive viel zur Bedeutung beiträgt.

Stil und sprachliche Mittel ermöglichen es dem Erzähler, souverän mit den Realitäten umzugehen, Wirklichkeitsmodi umschlagen zu lassen und Zweifel am Seinsstatus des Dargestellten zu vermeiden.

Heterogene Elemente sind im *Goldnen Topf* beieinander und fügen sich zu einer eigentümlichen neuen Gattung zusammen.

Für den Bürger ist nur die eigene Realität wirklich; was darüber hinausgeht, ist unverständlich und bedrohlich. So kommentiert die Bürgersfrau Anselmus' Verhalten unter dem Holunderbaum mit den Worten: „Der Herr ist wohl nicht recht bei Troste!" (HL S. 10/R S. 12), und für Konrektor Paulmann passt sein Verhalten bei der Überfahrt nicht ins Bild:

> „‚Ei, ei, Herr Anselmus', fiel der Konrektor Paulmann ein, ‚ich habe Sie immer für einen soliden jungen Mann gehalten, aber

träumen – mit hellen offenen Augen träumen, und dann mit einem Mal ins Wasser springen wollen; das – verzeihen Sie mir, können nur Wahnwitzige oder Narren!'" (HL S. 13/R S. 16)

Ähnlich verhält es sich mit anderen Figuren, jedoch mit der gegenteiligen Auswirkung, dass die märchenhafte Welt des Zaubers die einzige Wirklichkeit ist. Wenn Serpentina und ihre Schwestern im Holunderbaum Anselmus bezaubern, verschmelzen ihre Blicke. Erst nach einem Machtwort des Vaters verlassen die Schlangen die Szene und verschwinden im Wasser. Im Gewächshaus lässt die im goldenen Topf gespiegelte Serpentina Anselmus die Welt um sich herum vergessen, bis ihn der Archivarius Lindhorst an den Zweck seines Besuchs erinnert (HL S. 38/R S. 50).

Kampf zwischen dem Guten und dem Bösen

Anselmus bewegt sich in beiden Welten; Serpentina und Veronika ziehen ihn in ihrer jeweils eigenen Art an, und lange Zeit schwankt er zwischen ihnen, bis er sich für Serpentina und die Märchenwelt entscheidet. Dabei kommt es zum Kampf zwischen dem Guten und dem Bösen. Der Salamander besiegt die Hexe, und Anselmus kommt frei. Im Kampf der Mächte ist das Verhältnis der beiden Welten zugespitzt, und es kommt im Ergebnis zu einer wechselseitigen **Durchdringung** beider Bereiche.

Das ist von Anfang an latent der Fall gewesen, so dass sich Lindhorst in der Wahrnehmung des Anselmus in einen Geier verwandeln kann. Lindhorst ist zugleich Archivar und Salamander, und er bedarf der Erlösung durch drei poetisch veranlagte Menschen, die seine Töchter heiraten. Solange er nicht erlöst ist, sind die Bereiche wesensverschieden, die wechselseitige Wahrnehmung ist verzerrt, und nur Traum und Rausch bewirken schiefe Übergänge. Der erlöste Anselmus jedoch zieht in Atlantis ein, und der Erzähler hat Anteil an seiner Seligkeit im „Leben in der Poesie" (HL S. 76/R S. 102). Anselmus hat eine **Entwicklung** zum Dichter zurückgelegt, das Märchen hat sich zum **Bildungsroman** gewandelt. Das Märchen E. T. A. Hoffmanns ist anderer Art als das Volksmärchen oder die romantischen Kunstmärchen von Ludwig **Tieck** (1773–1853), Clemens von **Brentano** (1778–1842) oder **Novalis** (1772–1801). Das Märchen stellt die Bildung durch Poesie dar, die sich die Wirklichkeit anverwandelt.

Sprachliche und dichterische Mittel

Die Darstellung des Verhältnisses zwischen realer und märchenhafter Welt als **Kollision**[3], **Kontrast**[4] oder nahtloser **Übergang**[5] wird durch sprachliche Mittel wie **Wortwahl und Satzbau, Grammatik, Stil und dichterische Gestaltung** realisiert.

So hält Anselmus den Widerschein des Feuerwerks im Wasser für die Lichtspuren der Schlangen im Wasser:

> „Der Student Anselmus saß in sich gekehrt bei dem rudernden Schiffer, als er nun aber im Wasser den Widerschein der in der Luft herumsprühenden und knisternden Funken und Flammen erblickte; da war es ihm, als zögen die goldnen Schlänglein durch die Flut. Alles was er unter dem Holunderbaum Seltsames geschaut, trat wieder lebendig in Sinn und Gedanken, und aufs Neue ergriff ihn die unaussprechliche Sehnsucht, das glühende Verlangen, welches dort seine Brust in krampfhaft schmerzvollem Entzücken erschüttert." (HL S. 11f./R S. 14)

Dichterische Mittel

Mit der Konstruktion des Verbs „sein" in Verbindung mit der **Konjunktion** und dem **Konjunktiv** („da war es ihm, als zögen") wird in

---

3 Vgl. Willenberg, Knud: „Die Kollision verschiedener Realitätsebenen als Gattungsproblem in E. T. A. Hoffmanns *Der goldne Topf.*" *Zeitschrift für deutsche Philologie* 95 (1976), S. 93–113.

4 Vgl. Pikulik, Lothar: „Anselmus in der Flasche. Kontrast und Illusion in E. T. A. Hoffmanns *Der goldne Topf.*", *Euphorion* 63 (1969), S. 341–370.

5 Vgl. Stegmann, Inge: „Die Wirklichkeit des Traumes bei E. T. A. Hoffmann." *Zeitschrift für deutsche Philologie* 95 (1976), S. 64–93.

Anselmus noch einmal das Erlebnis lebendig. Dabei werden Verstand (Gedanken), Gefühl (Sehnsucht, Verlangen, Entzücken) und Sinne (glühend, schmerzvoll) gleichermaßen angesprochen.

Bei der Verwandlung des Archivarius Lindhorst in einen Geier wird der **Einsatz der sprachlichen und dichterischen Mittel** noch deutlicher:

> „[...] nun schritt er rasch von dannen, so dass er in der tiefen Dämmerung, die unterdessen eingebrochen, mehr in das Tal hinabzuschweben als zu gehen schien. Schon war er in der Nähe des Kosel'schen Gartens, da setzte sich der Wind in den weiten Überrock und trieb die Schöße auseinander, dass sie wie ein Paar große Flügel in den Lüften flatterten, und es dem Studenten Anselmus, der verwunderungsvoll dem Archivarius nachsah, vorkam, als breite ein großer Vogel die Fittige aus zum raschen Fluge." (HL S. 26f./R S. 35)

Die Metamorphose wird durch zwei **Vergleiche** („mehr [...] hinabzuschweben als zu gehen"; „als breite ein großer Vogel die Fittiche aus") als sichere Wahrnehmung dargestellt und zugleich durch die **Verben** „scheinen" und „vorkommen" wieder in Zweifel gezogen. Die Genauigkeit im Detail, mit der die im Wind flatternde Kleidung geschildert wird, trägt zu dem Verwirrspiel bei. Der weite Überrock und die Schöße rechtfertigen die Wahrnehmung eines großen schwebenden Vogels; indem aber der Wind als Ursache genannt wird, wird die Wahrnehmung sofort wieder unsicher. In der weiteren Beschreibung des Vorgangs erfolgt noch einmal ein Umschlagen:

> „Wie der Student nun so in die Dämmerung hineinstarrte, da erhob sich mit krächzendem Geschrei ein weißgrauer Geier hoch

in die Lüfte, und er merkte nun wohl, dass das weiße Geflatter, was er noch immer für den davonschreitenden Archivarius gehalten, schon eben der Geier gewesen sein müsse, unerachtet er nicht begreifen konnte, wo denn der Archivarius mit einem Mal hingeschwunden." (HL S. 27/R S. 35)

Der **Tempussprung** vermittelt die Gewissheit, dass Anselmus schon zuvor einen Geier wahrgenommen hat. Ein ähnliches Verwirrspiel liegt bei der Verwandlung der Klingelschnur in eine Schlange vor. Auch hier findet eine Verwandlung in ein Tier statt:

„Den Studenten Anselmus ergriff ein Grausen, das im krampfartigen Fieberfrost durch alle Glieder bebte. Die Klingelschnur senkte sich hinab und wurde zur weißen durchsichtigen Riesenschlange, die umwand und drückte ihn, fester und fester ihr Gewinde schnürend, zusammen, dass die mürben zermalmten Glieder knackend zerbröckelten und sein Blut aus den Adern spritzte, eindringend in den durchsichtigen Leib der Schlange und ihn rot färbend." (HL S. 16/R S. 21)

Doch während bei der Verwandlung Lindhorsts in den Geier die Logik die Gewissheit der Metamorphose bestätigt, erweist sich die Veränderung durch das Zeugnis eines Dritten als krankhafte Einbildung:

„Die Schlange erhob ihr Haupt und legte die lange spitzige Zunge von glühendem Erz auf die Brust des Anselmus, da zerriss ein schneidender Schmerz jählings die Pulsader des Lebens und es vergingen ihm die Gedanken. – Als er wieder zu sich selbst kam, lag er auf seinem dürftigen Bettlein, vor ihm stand aber der Konrektor Paulmann und sprach: ‚Was treiben Sie denn

> um Himmels willen für tolles Zeug, lieber Herr Anselmus!'" (HL S. 16/R S. 21)

Die fühlbare Bedrängnis, die sich in Hitze und Kälte (glühend, Fieberfrost) und Druck (drückte, schnürend) manifestiert, wird zum Krankheitssymptom.

Das serapiontische Prinzip

Anrede des Lesers

Der Zweifel, ob es sich bei einem Eindruck um eine echte Wahrnehmung handelt oder um eine Sinnestäuschung, befällt nicht nur den Protagonisten, sondern auch den Leser. Indem der Erzähler sich an ihn wendet, verbürgt er sich für die Glaubwürdigkeit des Erzählten. **Insgesamt viermal spricht der Erzähler direkt den Leser an** (in der vierten [HL S. 21–22/R S. 28–29], siebten [HL S. 43–45/R S. 57–59], zehnten [HL S. 62/R S. 82–83] und zwölften [HL S. 72–73/R S. 96ff.] Vigilie), so z. B.:

> „Ist dir, günstiger Leser, jemals so zumute gewesen, so kennst du selbst aus eigner Erfahrung den Zustand, in dem sich der Student Anselmus befand. Überhaupt wünschte ich, es wäre mir schon jetzt gelungen, dir, geneigter Leser! den Studenten Anselmus recht lebhaft vor Augen zu bringen." (HL S. 22/R S. 28)

Hier möchte der Erzähler Verständnis für Anselmus und die anderen Personen wecken und versichert nachdrücklich, dass sie wirklich existieren.

> „[...] versuche es, geneigter Leser! die bekannten Gestalten, wie sie täglich, wie man zu sagen pflegt im gemeinen Leben, um dich herwandeln, wiederzuerkennen. Du wirst dann glauben, dass dir jenes herrliche Reich viel näher liege, als du sonst wohl

> meintest, welches ich nun eben recht herzlich wünsche, und dir in der seltsamen Geschichte des Studenten Anselmus anzudeuten strebe.“ (HL S. 22/R S. 29)

Damit will er der Märchenwelt einen Anknüpfungspunkt im Alltag verschaffen. Dieses Bestreben hat E. T. A. Hoffmann schon zuvor in ähnlicher Weise in den *Serapionsbrüdern* formuliert:

> „Sonst war es üblich, ja Regel, alles, was nur Märchen hieß, ins Morgenland zu verlegen und dabei die Märchen der Dscheherezade zum Muster zu nehmen. Die Sitten des Morgenlandes nur eben berührend, schuf man sich eine Welt, die haltlos in den Lüften schwebte und vor unsern Augen verschwamm. Deshalb gerieten aber jene Märchen meistens frostig, gleichgültig und vermochten nicht den innern Geist zu entzünden und die Phantasie anzuregen. Ich meine, dass die Basis der Himmelsleiter, auf der man hinaufsteigen will in höhere Regionen, befestigt sein müsse im Leben, so dass jeder nachzusteigen vermag. Befindet er sich dann, immer höher und höher hinaufgeklettert, in einem phantastischen Zauberreich, so wird er glauben, dies Reich gehöre auch noch in sein Leben hinein und sei eigentlich der wunderbar herrlichste Teil desselben. Es ist ihm der schöne prächtige Blumengarten vor dem Tore, in dem er zu seinem hohen Ergötzen lustwandeln kann, hat er sich nur entschlossen, die düstern Mauern der Stadt zu verlassen.“[6]

Diese Gestaltungsabsicht Hoffmanns wird als **serapiontisches Prinzip** bezeichnet.

---

6 Hoffmann, E. T. A.: *Poetische Werke*, Bd. IV, S. 113 f.

Die Anrede des Lesers wird im *Goldnen Topf* noch dreimal an wichtigen Stellen eingesetzt. Der Erzähler unterstreicht das Grausen, dem sich Veronika bei ihrem Liebeszauber in der Äquinoktialnacht durch die Hexe aussetzt. Auch für Veronika und ihren Liebeszauber versucht der Verfasser durch unmittelbare Ansprache des Lesers Verständnis zu wecken: „Ich wollte, dass du, günstiger Leser! am dreiundzwanzigsten September auf der Reise nach Dresden begriffen gewesen wärest“ (HL S. 43/R S. 57). Er wird gedanklich auf die Reise geschickt, um seinen Zweifel an der Unglaubwürdigkeit des Erzählten zu verringern:

> „Weder du, günstiger Leser! noch sonst jemand, fuhr oder ging aber am dreiundzwanzigsten September in der stürmischen, den Hexenkünsten günstigen Nacht des Weges, und Veronika musste ausharren am Kessel in tödlicher Angst, bis das Werk der Vollendung nahe.“ (HL S. 45/R S. 59)

Der Erzähler bindet den Leser geschickt in absentia in das Geschehen ein.

Auf ähnliche Weise verfährt er, um Anselmus’ Gefangenschaft in der Flasche zu verbürgen und Mitleid mit ihm zu erregen:

> „Mit Recht darf ich zweifeln, dass du, günstiger Leser! jemals in einer gläsernen Flasche verschlossen gewesen sein solltest, es sei denn, dass ein lebendiger neckhafter Traum dich einmal mit solchem feeischen Unwesen befangen hätte. War das der Fall, so wirst du das Elend des armen Studenten Anselmus recht lebhaft fühlen; hast du aber auch dergleichen nie geträumt, so schließt dich deine rege Fantasie mir und dem Anselmus zu Gefallen wohl auf einige Augenblicke in das Kristall ein.“ (HL S. 62/R S. 82)

Hexenzauber in der Äquinoktialnacht © Kay Konrad, www.kaykonrad.de

In einer Art von schlussfolgerndem Denken bezieht der Erzähler den Leser in den Aufbau der Glaubwürdigkeit ein. Zuletzt wendet er sich in eigener Sache an den Leser, als die Fertigstellung des Textes stockt. Es ergeht ihm ebenso wie zuvor Anselmus:

> „Ich fühlte mich befangen in den Armseligkeiten des kleinlichen Alltagslebens, ich erkrankte in quälendem Missbehagen, ich schlich umher wie ein Träumender, kurz, ich geriet in jenen Zustand des Studenten Anselmus, den ich dir, günstiger Leser! in der vierten Vigilie beschrieben. Ich härmte mich recht ab, wenn

ich die eilf Vigilien, die ich glücklich zustande gebracht, durchlief, und nun dachte, dass es mir wohl niemals vergönnt sein werde, die zwölfte als Schlussstein hinzuzufügen" (HL S. 72/R S. 96).

Parallele zwischen Anselmus und Erzähler

Wie es dem Anselmus zuvor schon in der **Palmenbibliothek** gelang, fast wie im Traum eine gute „Kopie des geheimnisvollen Manuskripts" (HL S. 54/R S. 72) zu fertigen, so gelingt es dem Erzähler nun, nachdem Lindhorst aus der abgeschlossenen Geschichte herausgetreten ist und dem Erzähler hilft, sein eigenes Werk in Lindhorsts „blaue(m) Palmbaumzimmer" (HL S. 73/R S. 97) zu vollenden.

Damit hat der Erzähler teil an der Durchdringung der Wirklichkeit durch die Poesie („Waren Sie nicht soeben selbst in Atlantis, und haben Sie denn nicht auch dort wenigstens einen artigen Meierhof als poetisches Besitztum Ihres innern Sinns?", HL S. 76/R S. 101f.). Mit ihm hat davon der Leser den Gewinn, der bereit war, seinen Blick durch den Erzähler lenken zu lassen.

Weitere Gestaltungsmittel

Die Technik der **Blicksteuerung** hat viel mit der Kameraführung im Film gemeinsam. Offenbar macht E. T. A. Hoffmann damit von seinen Theatererfahrungen Gebrauch und setzt sie ins Literarische um.[7]

Die **Bedeutung des Sehens** kommt nicht nur in der Blickführung zum Ausdruck. Das Wortfeld des Sehens ist hier und in anderen Werken E. T. A. Hoffmanns gut belegt.[8] Das Sehen verbindet außen und innen, reale Welt und Seele. Das Auge ist das Organ, in dem sich beide berühren. Im Blick offenbart sich die Seele. Aber auch

7 Vgl. Just, Klaus Günther: „Die Blickführung in den Märchennovellen E. T. A. Hoffmanns." *Wirkendes Wort* 14 (1963/64), S. 389–397.

8 Vgl. Motekat, Helmut: „Vom Sehen und Erkennen bei E. T. A. Hoffmann." *Mitteilungen der E. T. A.-Hoffmann-Gesellschaft* 19 (1973), S. 17–27.

Ton und Klang sprechen unmittelbar an. Mit „leisen halbverwehten Worten“ sprechen die Schlangen im Holunderbusch Anselmus an:

> „Zwischendurch – zwischenein – zwischen Zweigen, zwischen schwellenden Blüten, schwingen, schlängeln, schlingen wir uns – Schwesterlein – Schwesterlein, schwinge dich im Schimmer – schnell, schnell herauf – herab – Abendsonne schießt Strahlen, zischelt der Abendwind – raschelt der Tau – Blüten singen – rühren wir Zünglein, singen wir mit Blüten und Zweigen – Sterne bald glänzen – müssen herab – zwischendurch, zwischenein schlängeln, schlingen, schwingen wir uns Schwesterlein.“ (HL S. 8/R S. 9)

Das Züngeln und Schlängeln wird **onomatopoetisch** dargestellt.

Synästhesie

Die Sinneseindrücke können sogar ineinander übergehen. Der Auftritt der Schlangen kündigt sich durch „Rieseln und Rascheln“ (HL S. 8/R S. 9) an, der Abendwind in den Blättern und die Vögel in den Zweigen sind nicht mehr unterscheidbar. „Da fing es an zu flüstern und zu lispeln, und es war, als ertönten die Blüten wie aufgehangene Kristallglöckchen.“ (HL S. 8/R S. 9)

Als weitere Empfindungen bewirken Geruch, Druck („zentnerschwere Last“, HL S. 62/R S. 82) und Temperatur („Fieberhitze“, HL S. 45/R S. 60) lebhafte Wahrnehmungen. Besonders bei Anselmus' Vision unter dem Holunderbaum, in der Palmbibliothek und in der Gefangenschaft in der Flasche sowie bei Veronikas Liebeszauber und dem Kampf des Salamanders mit der Hexe wird die **Synästhesie**, das gleichzeitige (Mit-)Empfinden, als Gestaltungsmittel eingesetzt. Die **Empfindungen durch Blick und Klang, Duft, Feuer und Eis** („Fieberfrost“, HL S. 46/R S. 61) vermitteln tiefe Gefühle: Seligkeit und Sehnsucht, Hoffnung und Grausen, Fieber durch Krankheit und Leidenschaft, Bewegungslosigkeit und Starrheit durchleben Anselmus, bis er Serpentina heiratet und Atlantis bezieht, Veronika, bis sie ihren Hofrat bekommt, und der Salamander, bis er schließlich durch die Verheiratung aller Töchter von seiner irdischen Beengtheit als Archivarius Lindhorst erlöst sein wird.

Als Hochzeitsgeschenk winkt **leitmotivisch** der goldene Topf. Zwar gibt er den Titel des Märchens ab, aber eine verdichtete Bedeutung im Sinne eines Dingsymbols hat er offenbar nicht. Nimmt man hinzu, dass Hoffmann hier im Vorfeld an einen Nachttopf dachte, wird daran die Ironie des Erzählers greifbar.[9] Das gilt auch für viele andere Handlungszüge des Märchens. Kobolde treten überraschend auf, die Hexe wird in eine Runkelrübe verwandelt, der Papagei kämpft gegen einen Kater. Nach siegreichem Kampf erstattet der Papagei seinem Herrn Meldung:

> „‚Verehrter Herr Archivarius, hier bringe ich den überwundenen Feind', sprach der Papagei, indem er dem Archivarius Lindhorst ein schwarzes Haar im Schnabel darreichte. ‚Sehr gut, mein Lieber', antwortete der Archivarius, ‚hier liegt auch meine überwundene Feindin, besorgen Sie gütigst nunmehr das Übrige; noch heute erhalten Sie als ein kleines Douceur sechs Kokosnüsse und eine neue Brille, da, wie ich sehe, der Kater Ihnen die Gläser schändlich zerbrochen.' ‚Lebenslang der Ihrige, verehrungswürdiger Freund und Gönner!', versetzte der Papagei sehr vergnügt, nahm die Runkelrübe in den Schnabel und flatterte damit zum Fenster hinaus, das ihm der Archivarius Lindhorst geöffnet." (HL S. 66/R S. 88)

Beide Kämpfer gratulieren sich gleichsam zum Sieg und zeichnen sich gegenseitig aus.

9 Hoffmann schrieb seinem Verleger Kunz am 19. August 1813, dass Anselmus „zur Mitgift einen goldnen Nachttopf" bekomme. In: Hoffmann, E. T. A.: *Poetische Werke*, Bd. I, S. 651.

E. T. A. Hoffmann hat den *Goldnen Topf* in der Sammlung *Fantasiestücke in Callots Manier* veröffentlicht. Der Titel der Sammlung verweist auf die Fantasie als Urgrund künstlerischer Produktion überhaupt, der Dichtung ebenso wie der Musik, und die Bezeichnung „Fantasiestück" bezieht sich auch auf ein Musikstück. Neben der Einbildungskraft bezeichnet der Begriff Fantasie das gesamte Realitätsspektrum vom vorgestellten Bild über die Träumerei bis hin zum Trugbild und zum Wahngebilde. Durch den Verweis auf Jacques Callot (1592–1635) gibt er einen Anreger zu erkennen, an dem er die Heterogenität der Elemente bewundert:

> „Schaue ich deine überreichen, aus den heterogensten Elementen geschaffenen Kompositionen lange an, so beleben sich die tausend und tausend Figuren, und jede schreitet, oft aus dem tiefsten Hintergrunde, wo es erst schwer hielt, sie nur zu entdecken, kräftig und in den natürlichsten Farben glänzend hervor."[10]

An ihm entdeckt er die **Verbindung von Alltagsleben und Fantasiereich**, und ihn nimmt er sich zum Vorbild:

> „Könnte ein Dichter oder Schriftsteller, dem die Gestalten des gewöhnlichen Lebens in seinem innern romantischen Geisterreiche erscheinen, und der sie nun in dem Schimmer, von dem sie dort umflossen, wie in einem fremden, wunderlichen Putze darstellt, sich nicht wenigstens mit diesem Meister entschuldigen und sagen, er habe in Callots Manier arbeiten wollen?"[11]

---

10 Ebd., S. 62.
11 Ebd., S. 63.

3.7 Interpretationsansätze

ZUSAMMENFASSUNG

Analyse und Vergleich sind nach einem Wort von T. S. Eliot die beiden Methoden der Interpretation. Macht man von diesem Hinweis Gebrauch, so lassen sich wichtige Züge des Goldnen Topfes und der Erzählungen von E. T. A. Hoffmann insgesamt aufzeigen. Bei einem Vergleich verschiedener Erzählungen werden viele gemeinsame Züge sichtbar. So realisieren sie in erzählerischer Form **Poetik** und **Poetologie**, indem sie oft **Künstler** als Hauptfigur wählen und das **Künstlertum** zum Thema machen, wobei das **serapiontische Prinzip** maßgeblich ist. Wiederkehrende **Motive** sind Sehen, Traum und Rausch und die **Erzählweise** mit der Hinwendung des Erzählers an den Leser, mit Synästhesien und wechselnden Perspektiven.

Vergleich zwischen *Der Sandmann* und *Der goldne Topf*

Bei einem Vergleich ist die Nähe des *Goldnen Topfes* zum *Sandmann* besonders auffällig. So sieht W. Nehring in beiden Texten dasselbe **Grundmodell** walten.[12] Hoffmanns Protagonisten erfahren die Wirklichkeit als Duplizität; dem entspricht die Erzählstruktur mit Handlungsverlauf, Konfigurationen, Personentypen und Situationen. Im Ergebnis erweist sich *Der goldne Topf* als Umkehrung des *Sandmanns*.

„Wie ist das möglich? Ist nicht *Der goldne Topf* ein poetisches Märchen, während *Der Sandmann* zu Hoffmanns Schauerge-

12 Nehring, Wolfgang: „E. T. A. Hoffmanns Erzählwerk: Ein Modell und seine Variationen." *Zeitschrift für deutsche Philologie* 95 (1976), Sonderheft, S. 3–24. Vgl. dazu auch Kapitel 5 (Materialien) des vorliegenden Bandes. Zum *Sandmann* siehe: Grobe, Horst: *E. T. A. Hoffmann. Der Sandmann.* Hollfeld: C. Bange Verlag, 2011 (Königs Erläuterungen und Materialien, Bd. 404).

schichten zählt? Anselmus tauscht sein dürftiges Studentendasein gegen eine ideale Existenz im Reiche der Poesie ein, während Nathanael auf grausige Weise durch die Mächte von Dämonie und Wahnsinn zugrunde gerichtet wird. Wie verträgt sich dieser augenfällige Gegensatz, der alle Details der Geschichten durchdringt, mit der Behauptung der Gleichartigkeit? Der Gegensatz macht nur eins deutlich: *Der Sandmann* ist keine Wiederholung oder bescheidene Abwandlung des *Goldnen Topfs*. Die Schauergeschichte ist vielmehr eine genaue Umkehrung und Umwertung des Märchens ins Negative. Das Wunderbare erscheint als Verhängnis. Die Erhöhung des Lebens zum Ideal und das Verfallen an das Dämonische sind zwei konträre Möglichkeiten desselben Vorgangs. Die Wege in den Himmel und in den Abgrund sind spiegelbildliche Verkehrungen voneinander."[13]

Der goldne Topf – ein Wirklichkeitsmärchen

Weitere Vergleiche greifen über das Werk hinaus und gelten der Textsorte und der Einbettung in den zeitlichen Zusammenhang. Hoffmanns *Goldner Topf* stellt ein Märchen ganz eigener Art dar, das sich einerseits vom Volksmärchen, wie es die Gebrüder Grimm sammelten und aufschrieben, und andererseits vom Kunstmärchen seiner romantischen Zeitgenossen unterscheidet. Auch von den orientalischen Märchen und der Feendichtung des literarischen Rokoko setzt sich E. T. A. Hoffmann ab. Seinem Verleger kündigte er den *Goldnen Topf* selbstbewusst mit den folgenden Worten an:

> „Denken Sie dabey nicht, Bester, an Scheherezade und *Tausendundeine Nacht* – Turban und türkische Hosen sind gänzlich verbannt – feenhaft und wunderbar, aber keck ins gewöhnliche all-

---

13 Nehring, S. 5 f.

tägliche Leben tretend und seine Gestalten ergreifend soll das Ganze werden.“[14]

Durch biografische Bezüge und die Beschäftigung mit der romantischen Naturphilosophie wird das eigenständige Konzept vertieft. Die besondere Art der Wirklichkeit in ihrer doppelten und einander durchdringenden Anlage als Alltag und als Wunder, die durch Hoffmann gestaltet wird, ist im Begriff des **Wirklichkeitsmärchens**[15] zutreffend festgehalten. Es ergeben sich auch Berührungen mit dem Bildungsroman, denn anders als im Volksmärchen, in dem der Protagonist in die Welt hinauszieht und mit Selbstverständlichkeit dem Wunderbaren begegnet, wird es bei E. T. A. Hoffmann zu einem bildsamen Einfluss. Am Ende hat Anselmus die Reife für das Künstlerdasein erworben.

Vergleich mit Mozarts *Zauberflöte*

Den Begriff des Wirklichkeitsmärchens hat u. a. M. Thalmann aufgegriffen und in diesem Zusammenhang die Nähe des *Goldnen Topfes* zu Mozarts *Zauberflöte* untersucht.

> „Die Grundgestalt des Märchens folgt dem Zauberflötenschema. Der junge Held, der sich in der Wirklichkeit des Spießertums bewegt, begegnet unerwartet einer Störung seiner Existenz. Aus der sonntäglichen Heiterkeit der Dresdner Vorstadt hebt sich die ärgerliche Maske des alten Äpfelweibs“[16].

Bei der zeitlichen Einbettung des *Goldnen Topfes* ist auch der ideengeschichtliche Hintergrund von Belang. Hier ist besonders auf die Philosophie F. W. J. Schellings (1775–1854), die Naturphiloso-

---

14 Hoffmann, E. T. A.: *Poetische Werke*, Bd. I, S. 651.

15 Vgl. Benz, Richard: „Das romantische Wirklichkeitsmärchen.“ In ders.: *Märchen-Dichtung der Romantiker*. Gotha: Perthes, 1908.

16 Thalmann, Marianne: „E. T. A. Hoffmanns Wirklichkeitsmärchen.“ *Journal of English and Germanic Philology* 51 (1952), S. 481. Vgl. dazu auch Kapitel 5 (Materialien) des vorliegenden Bandes.

phie G. H. Schuberts (1780–1860) und die Sprachphilosophie J. G. Herders (1744–1803) hinzuweisen. Vor dem Hintergrund **mythologischer Vorstellungen** (Kosmogonie, Goldenes Zeitalter, Atlantis) führen diese Vorstellungen zusammen mit **ästhetischen Konzepten** (Callot, 1592–1635; Hogarth, englischer Maler und Grafiker, 1697–1764) zu dem Gedanken, dass die Sprache in Laut und Schrift, in Sprechen, Schreiben und Kopieren, die Kunst in Linie und Arabeske sowie die Musik eine Ahnung von den Ursprüngen gibt, in denen es eine Einheit von Mensch und Natur gab und die es wiederzuerlangen gilt.[17] Kunst und auch Dichtung wirken durch die Zusammengehörigkeit von Intuition, Produktion und Rezeption in diese Richtung. Neben dem Werk gibt die Biografie E. T. A. Hoffmanns, der als Künstler in umfassender Weise tätig war, einen lebhaften Eindruck davon.

Weitere Interpretationszugänge

Fachdidaktik

E. T. A. Hoffmanns Erzählung Der *goldne Topf* ist aufgrund ihrer Kürze, künstlerischen Gestalt und Thematik didaktisch ergiebig. Sie lässt sich in eine Vielzahl von unterrichtlichen Kontexten einbringen. Der Text markiert die umfassende **Umbruchsituation** vom 18. zum 19. Jahrhundert. Die Darstellung der Wirklichkeit und ihre Verarbeitung weisen moderne Züge auf. Die Umbruchsituation ist nicht nur an der Biografie Hoffmanns zu greifen, sondern auch im Verhältnis von Aufklärung und Romantik. Darin konkretisiert sich das Problem von **Bürgertum** und **Künstlertum**, von **Normalität** und **Wahnsinn**, von **Krankheit** und **Gesundheit**. Das Groteske, Unheimliche, Bizarre hat seinen Ursprung in der **geistigen Situation der Zeit**, prägt die Gestalt des Textes und weist auf die Moderne

---

17 Vgl. Oesterle, Günter: „Arabeske, Schrift und Poesie in E. T. A. Hoffmanns Kunstmärchen *Der goldne Topf*." In: Steinecke, Hartmut (Hrsg.): *E. T. A. Hoffmann*. Darmstadt: Wissenschaftliche Buchgesellschaft, 2006, S. 60–96.

voraus. Die Art der Darstellung wirft die Frage nach der Steuerung der Lesererwartung auf.

Im Umgang mit dem Text können ästhetische, kulturelle, sprachliche, methodische Kompetenzen erworben und erweitert werden. Die notwendigen Kenntnisse fordern fachübergreifendes Arbeiten. Grundlagenwissen in den Bereichen Kultur- und Geistesgeschichte, Naturphilosophie, Medizin und Psychologie ist zu erwerben, zu vertiefen und zu vermitteln. Die methodische Kompetenz wird in allen relevanten Aspekten des Literaturunterrichts angesprochen. Literarisches Verstehen, sprachliche Analyse, schriftliche und mündliche Äußerungen bis hin zu produktionsorientiertem Arbeiten werden gefordert.

Die dargestellten Interpretationszugänge, die keineswegs vollständig sind, sind in folgender grafischer Darstellung verdeutlicht.

Bürgertum
→ Normalität und Wahnsinn
→ Krankheit und Gesundheit

Vergleich mit *Der Sandmann*
→ Künstler als Hauptfigur
→ serapiontisches Prinzip
→ Motive
→ Erzählweise
→ Märchen

Der goldne Topf

Umbruchsituation vom 18. zum 19. Jahrhundert
→ Aufklärung und Romantik
→ Naturgeschichte und Naturwissenschaft

Künstlertum
→ Kopieren und Dichten
→ Märchen, Mythos und Alltag
→ serapiontisches Prinzip

4. REZEPTIONSGESCHICHTE

ZUSAMMENFASSUNG

Hoffmann empfand den *Goldnen Topf* als sehr gelungen, und auch beim zeitgenössischen Publikum fand er dafür große Anerkennung. Bei den Schriftstellerkollegen hingegen stießen Werk und Autor auf Ablehnung. Die spezifische Schreibweise Hoffmanns wurde fälschlich als oberflächlicher Reiz oder als Krankheitssymptom verstanden. Zu einer positiven Rezeption kam es erst auf dem Weg über die Musik und andere literarische Konzepte.

Die zeitgenössische Kritik

Mit dem *Goldnen Topf* ist E. T. A. Hoffmann nach eigener Überzeugung und nach dem Urteil seiner Zeitgenossen ein großer Wurf gelungen. Noch während der Arbeit daran schrieb er am 8. September 1813 seinem Verleger Kunz:

> „Gott lasse mich nur das Märchen enden, wie es angefangen – ich habe nichts Besseres gemacht, das andere ist tot und starr dagegen, und ich meine, dass das Sichheraufschreiben zu etwas Ordentlichem vielleicht bei mir eintreffen könnte!“[18]

Erfolg bei der zeitgenössischen Kritik

Zu Lebzeiten Hoffmanns erschienen zwei Auflagen des Märchens. Die zeitgenössische Kritik äußerte sich überwiegend anerkennend über das Werk, es wurde von vielen Literaturblättern begeistert besprochen und als Hoffmanns Meisterwerk angesehen.

18 Hoffmann, E. T. A.: *Poetische Werke*, Bd. I, S. 650.

Nur ein Rezensent fühlte sich in der Goethe nahestehenden „Jenaischen Allgemeinen Literatur-Zeitung" an Tieck und Novalis erinnert und vermisste Originalität. Er wertet das Märchen als Beleg für die modische Tendenz, „in das Gewöhnliche, gar zu oft das Alberne einen fantastischen Sinn hinein zu interpretiren", und behauptet, Hoffmann werde „nie etwas als ein Ganzes, nie es anders als verschroben zu fassen und darzustellen im Stande seyn".[19] Darin klingt an, was nach Hoffmanns Tod 1822 zu einem Grundmotiv der Rezeption wurde.

Goethe nahm die Erzählung erst 1827 auf dem Umweg über eine Übersetzung von **Thomas Carlyle** (1795–1881) zur Kenntnis. „Den goldnen Becher angefangen zu lesen. Bekam mir schlecht; ich verwünschte die goldnen Schlänglein".[20] Die falsche Wiedergabe des Titels lässt die Ablehnung ebenso erkennen wie die unsichere Materialgrundlage. Noch deutlicher äußerte er sich nach der Lektüre eines Artikels von **Walter Scott** (1771–1832):

> „[…] denn welcher treue, für Nationalbildung besorgte Theilnehmer hat nicht mit Trauer gesehen, dass die krankhaften Werke jenes leidenden Mannes lange Jahre in Deutschland wirksam gewesen und solche Verirrungen als bedeutend fördernde Neuigkeiten gesunden Gemüthern eingeimpft wurden."[21]

Ablehnung bei Dichterkollegen

Während sich das zeitgenössische Lesepublikum durch Hoffmanns fantastische Schreibweise angesprochen fühlte, erschien sie manchem Dichterkollegen Hoffmanns (Goethe, Eichendorff, Jean Paul, Heine[22]) als Ausdruck von Überspanntheit und Krankheit. Die Le-

---

19 In historischer Schreibweise zit. nach Wührl, S. 133 f.
20 Zit. nach Feldges, Brigitte und Stadler, Ulrich: *E. T. A. Hoffmann. Epoche – Werk – Wirkung*, München: Beck, 1986, S. 64.
21 Zit. nach Nehring, S. 3.
22 Vgl. zu Heine auch Kapitel 5 (Materialien) des vorliegenden Bandes.

ser schätzten an ihm das Gruseln und Grausen, die er ihnen durchaus schaffen wollte, die aber in komplexen Werken wie z. B. dem *Goldnen Topf* im tieferen Zusammenhang mit einem umfassenden künstlerischen Subjektivismus stehen. Der exzentrische romantische Künstler distanzierte sich von den als Philister kritisierten Bürgern, die zwar seine vielen Talente anerkannten, aber ansonsten an seiner überzogenen Schreibweise und seinem ausschweifenden Lebenswandel Anstoß nahmen.

Ambivalente Rezeption

Hoffmann war eigenständig in Bezug auf Denken, Ästhetik und Schreibweise im Verhältnis zu seinen Zeitgenossen, den Schriftstellern ebenso wie den Lesern. Er hatte viel Erfolg aufgrund der Oberflächenreize, fand Anerkennung, war aber zugleich heftig umstritten. Dass er anspruchsvoller sein wollte und war, wurde nicht wahrgenommen. Die Gründe, die ihn umstritten machten, führten nach seinem Tod zu einer tiefsitzenden und langanhaltenden Ablehnung. Schriftstellerkollegen, die ihn verteidigten, fanden sich nicht mehr. Die Leser und Schriftsteller des Jungen Deutschland und des Biedermeier hatten andere Fragen und Erwartungen.

Die spätere Rezeption

Mehr Interesse fand E. T. A. Hoffmann bei Musikern (R. Schumann, R. Wagner, J. Offenbach) und im Ausland, besonders in Frankreich und England.

Seit der Jahrhundertwende und verstärkt seit der Mitte des 20. Jahrhunderts ist eine intensive Beschäftigung mit seinem Werk festzustellen. Sie ist u. a. auf verschiedene Literaturkonzepte zurückzuführen, die sich mit der literarischen Produktion und Rezeption, der virtuosen Erzähltechnik, der Rolle des Lesers und der Sinnkonstituierung befassen. Für derartige Fragestellungen bietet Hoffmanns Schreibweise durch ihre Ironie, ihre Perspektivierungen und Brechungen viele lohnende Ansatzpunkte.

5. MATERIALIEN

Vergleich zwischen Hoffmanns Erzählungen

Als Ergebnis eines Vergleichs zwischen den Erzählungen *Der Sandmann*, *Der goldne Topf* und *Meister Floh* stellt Nehring als Züge des immer wieder variierten **Grundmodells** fest:

Zwei Sphären der Wirklichkeit

„Alle drei Märchen, die hier verglichen wurden, basieren auf dem Gegensatz von zwei Sphären: der gewöhnlichen faktischen Welt, die fraglos in sich selbst ruht, und einer die Faktizität transzendierenden Welt, die sich nur dem besonderen Menschen aufschließt. Mag die transzendente Welt auch manchmal in ihrer Realität bezweifelt werden, vom Erzähler werden beide Sphären als ‚Wirklichkeit' dargestellt. Oft greifen sie eng ineinander und erscheinen als zwei Seiten einer Sache. Die Handlung nimmt jeweils ihren Ausgang im phantastischen Bereich. Die Konflikte setzen sich dann im irdischen Bereich fort und müssen da gelöst werden. Mehrere Figuren haben Doppelgesichter. Sie gehören beiden Welten an und kämpfen mit den Waffen der einen innerhalb der anderen. Im Mittelpunkt der Auseinandersetzung steht grundsätzlich das Schicksal eines jungen Mannes, der in der faktischen Welt beheimatet ist, aber eine lebhafte Neigung zum wunderbaren Dasein besitzt. Dieser junge Mensch ist von den Konflikten nicht nur passiv betroffen, sondern er muss sie aktiv entscheiden."[23]

---

23 Nehring, S. 14.

Der Begriff des Wirklichkeitsmärchens

Thalmann untersucht den Zusammenhang von sozialer Wirklichkeit und Märchengestalt bei E. T. A. Hoffmann, wie er im Begriff des Wirklichkeitsmärchens gesehen werden kann:

„Aus diesem Realismus der Konfliktschau heraus erkennt Hoffmann die große geschichtliche Aufgabe des Komischen in der Darstellung des bürgerlichen Europäertums. Der Held, dem es an sogenannter Weltbildung fehlt, muss vorerst von einer Gesellschaft, in der man ‚durchaus was werden, wenigstens was vorstellen muss', verspottet werden. Man muss ein Friseur, Schneider, Knopfmacher, Registrar, Staatsmann sein, ein beglaubigter Repräsentant des Bürgertums, was der Märchenheld nicht ist. Der komische Tiefstand einer bürokratischen Wirtschaftsform tritt auf, wo Banausen wie Paulmann nicht mehr zwischen tragisch und traurig, zwischen Maß und Mittelmaß zu unterscheiden vermögen und das Abenteuer des Lebens in unredlicher Moral verniedlichen. [...] Was die Kritik tastend ein Wirklichkeitsmärchen genannt hat, ohne die Konsequenzen ziehen zu wollen, ist eine Erzählung, in der das rationale Menschentum und die gestaltende Phantasie neben- und miteinander die Welt zu entlarven versuchen. Hoffmann trachtet ja nicht zu zeigen, wie die Welt sein soll; er sucht vielmehr, den tieferen Zusammenhang zwischen dem Höchsten und dem Plattesten aufzuzeigen und zwischen dem Wunschbild einer großen Daseinsform und vorhandenen bescheidenen Anlagen eine Brücke zu finden."[24]

Zusammenhang der Welt

24 Thalmann, S. 481.

Vor einer Überschätzung des Mythos als Interpretationsansatz warnt Nehring und hebt seine Funktion im Zusammenhang mit der **Erzählweise** hervor:

Transzendenz durch wechselnde Bilder

„Die märchenhafte Welt Hoffmanns erscheint auch in den anderen Erzählungen vornehmlich als ein bizarres Spiel. E. T. A. Hoffmann ist kein großer systematischer Denker und kein ernsthafter Mythenbildner, der mit viel Spekulation und Tiefsinn eine neue philosophisch-mythische Realität beschwört. Er ist vielmehr ein phantastischer Fabulierer, der keinen Gedanken äußern mag, ohne ihm eine bizarre Gestalt zu geben, der wenig von Gefühlen und Ideen spricht, aber umso mehr sinnliche Gebärden und Erscheinungen darstellt. Er weiß, dass das Leben nicht im Gewöhnlichen und Vordergründigen aufgeht, dass es jenseits des rein Faktischen irrationale, geheimnisvolle Kräfte gibt, die das Leben ins Wunderbare erhöhen oder es zerstören können, und er sucht dieses die äußere Realität Transzendierende in wechselnden Bildern zu gestalten. Die märchenhaften Einlagen der Erzählungen sind sinnliche Phantasien von dem, was sich eigentlich der Beschreibung entzieht; nicht allgemeingültige Repräsentation des höheren Seins, sondern mit Schnörkeln und Ironie vom Dichter selbst relativierte Visionen.“[25]

Heinrich Heines Vergleich zwischen Hoffmann und Novalis

In seinem Werk *Die romantische Schule* (1836) informiert H. Heine (1797–1856) das französische Publikum über die zeitgenössische deutsche Literatur. Er bespricht E. T. A. Hoffmann im Zusammenhang mit Novalis und vergleicht sie miteinander. Dabei wird Walter Scotts Urteil, dass es sich bei Hoffmann um einen pathologischen Fall handle, übernommen:

25 Nehring, S. 16.

„Über das Verhältnis des Herren Schelling zur romantischen Schule habe ich nur wenig Andeutungen geben können. Sein Einfluss war meistens persönlicher Art. Dann ist auch, seit durch ihn die Naturphilosophie in Schwung gekommen, die Natur vielsinniger von den Dichtern aufgefasst worden. Die einen versenkten sich mit allen ihren menschlichen Gefühlen in die Natur hinein; die anderen hatten einige Zauberformeln sich gemerkt, womit man etwas Menschliches aus der Natur hervorschauen und hervorsprechen lassen konnte. Erstere waren die eigentlichen Mystiker und glichen in vieler Hinsicht den indischen Religiösen, die in der Natur aufgehen und endlich mit der Natur in Gemeinschaft zu fühlen beginnen. Die anderen waren vielmehr Beschwörer, sie riefen mit eigenem Willen sogar die feindlichen Geister aus der Natur hervor, sie glichen dem arabischen Zauberer, der nach Willkür jeden Stein zu beleben und jedes Leben zu versteinern weiß. Zu den Ersteren gehörte zunächst Novalis, zu den anderen zunächst Hoffmann. Novalis sah überall nur Wunder, und liebliche Wunder; er belauschte das Gespräch der Pflanzen, er wusste das Geheimnis jeder jungen Rose, er identifizierte sich endlich mit der ganzen Natur, und als es Herbst wurde und die Blätter abfielen, da starb er. Hoffmann hingegen sah überall nur Gespenster, sie nickten ihm entgegen aus jeder chinesischen Teekanne und jeder Berliner Perücke; er war ein Zauberer, der die Menschen in Bestien verwandelte und diese sogar in königlich-preußische Hofräte; er konnte die Toten aus den Gräbern hervorrufen, aber das Leben selbst stieß ihn von sich als einen trüben Spuk. Das fühlte er; er fühlte, dass er selbst ein Gespenst geworden; die ganze Natur war ihm jetzt ein missgeschliffener Spiegel, worin er, tausendfältig verzerrt, nur seine eigne Totenlarve erblickte, und seine Werke sind nichts anders als ein entsetzlicher Angstschrei in zwanzig Bänden.

„Mystiker" und „Beschwörer"

„Gespenster-Hoffmann"

Hoffmann gehört nicht zu der romantischen Schule. Er stand in keiner Berührung mit den Schlegeln und noch viel weniger mit ihren Tendenzen. Ich erwähnte seiner hier nur im Gegensatz zu Novalis, der ganz eigentlich ein Poet aus jener Schule ist. Novalis ist hier minder bekannt als Hoffmann, welcher von Loeve-Veimars in einem so vortrefflichen Anzüge dem französischen Publikum vorgestellt worden und dadurch in Frankreich eine große Reputation erlangt hat. Bei uns in Deutschland ist jetzt Hoffmann keineswegs en vogue, aber er war es früher. In seiner Periode wurde er viel gelesen, aber nur von Menschen, deren Nerven zu stark oder zu schwach waren, als dass sie von gelinden Akkorden affiziert werden konnten. Die eigentlichen Geistreichen und die poetischen Naturen wollten nichts von ihm wissen. Diesen war der Novalis viel lieber. Aber, ehrlich gestanden, Hoffmann war als Dichter viel bedeutender als Novalis. Denn letzterer, mit seinen idealischen Gebilden, schwebt immer in der blauen Luft, während Hoffmann, mit allen seinen bizarren Fratzen, sich doch immer an der irdischen Realität festklammert. Wie aber der Riese Antäus unbezwingbar stark blieb, wenn er mit dem Fuße die Mutter Erde berührte, und seine Kraft verlor, sobald ihn Herkules in die Höhe hob, so ist auch der Dichter stark und gewaltig, solange er den Boden der Wirklichkeit nicht verlässt, und er wird ohnmächtig, sobald er schwärmerisch in der blauen Luft umherschwebt.

Vergleich mit Novalis

Die große Ähnlichkeit zwischen beiden Dichtern besteht wohl darin, dass ihre Poesie eigentlich eine Krankheit war. In dieser Hinsicht hat man geäußert, dass die Beurteilung ihrer Schriften nicht das Geschäft des Kritikers, sondern des Arztes sei. Der Rosenschein in den Dichtungen des Novalis ist nicht die Farbe der Gesundheit, sondern der Schwindsucht, und die Purpurglut in Hoffmanns Fantasiestücken ist nicht die Flamme des Genies, sondern des Fiebers.

Poesie als Krankheit

Aber haben wir ein Recht zu solchen Bemerkungen, wir, die wir nicht allzu sehr mit Gesundheit gesegnet sind? Und gar jetzt, wo die Literatur wie ein großes Lazarett aussieht? Oder ist die Poesie vielleicht eine Krankheit des Menschen, wie die Perle eigentlich nur der Krankheitsstoff ist, woran das arme Austertier leidet?"[26]

Lexikoneinträge zu E. T. A. Hoffmann

Die **Bewertung** E. T. A. Hoffmanns und seines Werks zwischen Ablehnung und Anerkennung lässt sich an Lexikoneinträgen aus verschiedenen Zeiten ablesen. So schreibt das Herder-Lexikon (1854–1857):

„Zügellosigkeit"

„Eine ungezügelte Phantasie und Mangel an religiösem Halte rissen ihn zum Planlosen, zu Gedankensprüngen, Seltsamkeiten u. Verirrungen fort, die auch in seinen Novellen seinen Dichtergeist überwuchern; namentl. offenbart sich darin eine Freude am Gespensterhaften und Grausigen, die in den *Elixieren des Teufels* (1816) u. in den *Nachtstücken* (1817) sich zum unheimlichen Dämonismus steigert. Neben tiefen Gedanken und den geistreichsten Bemerkungen, namentl. auch über Musik (*Phantasiestücke in Callots Manier*, 1814), neben der reichsten Ader kecken, witzigen Humores (*Lebensansichten des Katers Murr*, 1820) Oberflächlichkeiten, Albernheiten, gemüthlose u. unheimliche Schroffheiten genug."[27]

---

26 Heine, Heinrich: *Sämtliche Werke*, hrsg. von Hans Kaufmann. 14 Bde. München: Kindler, 1964, Bd. 9, S. 90 f.

27 Herders Conversations-Lexikon (1854–1857). Berlin: Directmedia, 2005, S. 21216.

Im Jahr 1888 schreibt Meyers Konversations-Lexikon:

Talente

Virtuosität

„H. war ein durchaus origineller Mensch, mit den seltensten Talenten ausgerüstet, wild, ungebunden, nächtlichem Schwelgen leidenschaftlich ergeben (wobei er in Berlin besonders an Ludwig Devrient einen geistesverwandten Genossen hatte) und doch ein trefflicher Geschäftsmann und Jurist. Voll scharfen und gesunden Menschenverstandes, der den Erscheinungen und Dingen sehr bald die schwachen und lächerlichen Seiten ablauschte, gab er sich doch allerlei phantastischen Anschauungen und abenteuerlichen Dämonenglauben hin. Exzentrisch in seiner Begeisterung, Epikureer bis zur Weichlichkeit und Stoiker bis zur Starrheit, Phantast bis zum fratzenhaften Wahnsinn und witziger Spötter bis zur phantasielosen Nüchternheit, vereinigte er die seltsamsten Gegensätze in sich, Gegensätze, in denen sich auch seine meisten Novellen bewegen. In allen seinen Dichtungen fällt der Mangel an Ruhe zuerst auf, seine Phantasie und sein Humor reißen ihn unaufhaltsam mit sich fort. Finstere Gestalten umkreisen und durchkreuzen stets die Handlung, und das Wilddämonische spielt selbst in die Welt der philisterhaften und modernen Alltäglichkeit hinein. In der Virtuosität, gespenstisches Grauen zu erwecken, werden wenige Erzähler H. erreicht haben; es ist glaubhaft, dass er sich, wie man erzählt, vor seinen eigenen gespenstischen Gestalten gefürchtet habe. Aber selbst in den verwildertsten, formlosesten und phantastisch zerrissensten Erzeugnissen offenbart sich des Dichters besserer Geist, sein Genie, sein sprudelnder Witz. Die Sprache handhabte er mit großer Gewandtheit, wenn auch nicht ohne Manier."[28]

---

28 Meyers Konversations-Lexikon. Leipzig und Wien: Bibliographisches Institut, 1888, Bd. VIII, S. 614.

Im Jahr 2007 gelangt der Brockhaus zu folgendem Urteil:

„Wie sich sein Leben in Gegensätzen bewegte – gewissenhafter Beamter und leidenschaftlicher Künstler –, so durchdringen sich in Hoffmanns Romanen, Novellen, Erzählungen und Märchen realistische Alltagswelt und fantastische Geisterwelt. Sein unfreiwilliges Außenseitertum öffnete ihm den Blick auf die Nachtseiten der Natur, hinter die Fassade einer oft nur geheuchelten bürgerlichen Harmonie. Nicht Flucht des Romantikers ins Fantastische, vielmehr seine verschiedenartigen Auseinandersetzungen mit der Realität führten ihn zum Erkennen des Widersinnigen, Grotesken, Hintergründigen. Erstmals wird die Gefahr erahnt, die Automaten und Maschinen für die menschliche Persönlichkeit darstellen können. Hinter dem Abgründigen schimmert stets Hoffmanns Humanitätsideal, sein Verlangen nach einem Reich der poetischen Menschlichkeit."[29]

Humanitätsideal

Die Rezeption E. T. A. Hoffmanns hat Walther Killy im Begründungs- und Wirkungszusammenhang folgendermaßen beschrieben:

„H.s Werk eroberte breite Leserkreise, stieß aber auf die Ablehnung fast aller bedeutender zeitgenöss. Autoren, von Goethe u. Hegel über Jean Paul, Tieck u. Brentano bis Börne. Die Kritik galt v. a. der neuartigen Erzähltechnik, die immer wieder die gewohnte Distanz des Lesers zu den Schrecken des Dargestellten zerstörte. Entscheidenden Einfluss auf die Rezeption nach H.s Tod gewann Walter Scott, dessen durch Goethe verbreitete Rezension von Fieberträumen eines kranken Gehirns sprach u. dazu die H.-Legende übernahm, die all die Motive von Kunst u. Wahnsinn, Liebesleid, Bürgerverachtung u. Punschvergnügen als Elemente einer großen,

Rezeption

29 Der Brockhaus multimedial, 2007. Eintrag zu „E. T. A. Hoffmann".

Wirkung

wenn auch ziemlich liederl. Konfession las. Sie bestimmt, nicht zuletzt kraft Offenbachs Oper, das populäre H.-Bild bis heute. Ein gerechteres Urteil bahnte sich in Deutschland erst um 1900 an. Scotts Rezension überschattete auch die Aufnahme in England u. den USA, so dass sich eine produktive Rezeption fast nur an Dickens u. Poe beobachten lässt. Dagegen begeisterte man sich in Frankreich, von Nodier über Balzac u. Hugo zu Baudelaire, für H., der hier noch heute zu den größten Autoren dt. Sprache zählt. In Russland hat er etwa auf Puschkin, Gogol u. Dostojewskij gewirkt; Tschaikowskij u. Meyerhold übertrugen H.sche Erzählungen auf die Bühne. Nachwirkungen reichen bis in die Weltliteratur des 20. Jh., so zu Kafka, zu Pynchons V. u. zu einem Filmszenario von Tarkowskij."[30]

---

30 Literaturlexikon, hrsg. von Walter Killy. Digitale Bibliothek. Berlin: Directmedia, 2005, S. 8711.

6. PRÜFUNGSAUFGABEN MIT MUSTERLÖSUNGEN

Unter http://www.koenigserlaeuterungen.de/download finden Sie im Internet zwei weitere Aufgaben mit Musterlösungen.

Die Zahl der Sternchen bezeichnet das Anforderungsniveau der jeweiligen Aufgabe.

Aufgabe 1 ***

Analysieren Sie die Darstellung von Krankheit und Gesundheit in E. T. A. Hoffmanns *Der goldne Topf*. Erarbeiten Sie die zu Grunde liegenden Vorstellungen und ordnen Sie sie geistesgeschichtlich ein.

Mögliche Lösung in knapper Fassung:

HINFÜHRUNG ZUM THEMA

Die Erzählung *Der goldne Topf* stellt die Entwicklung des Studenten Anselmus vom tollpatschigen Studenten zum glücklichen Dichter in Atlantis dar. Durch seinen Status als Student und seine ungewöhnliche Kleidung ist er von seinen Mitmenschen abgehoben. Sein Verhalten macht ihn zum Sonderling.

UNTERSUCHUNG: ANSELMUS' VERHALTEN

Brave und ehrbare Bürger wundern sich über sein Verhalten. Sie sprechen Anselmus an, der nach den Schlangen im Holunderbaum gerufen hat. Die Bürgersfrau hält ihn für toll, nicht recht bei Trost, und er fühlt sich, als würde er aus einem Traum wachgerüttelt oder mit eiskaltem Wasser übergossen. Im Rückblick erscheint ihm alles wie ein Spuk. Ein biederer Familienvater glaubt, Anselmus sei betrunken, und rät ihm, sich erst einmal auszuschlafen.

Die Rückkehr in die Normalität ist nicht von langer Dauer. Konrektor Paulmann und Registrator Heerbrand nehmen sich seiner an und lassen ihn in ihre Gondel. Der Widerschein eines Feuerwerks im Fluss ruft bei Anselmus das Erlebnis der Schlangen im Holunderbusch wieder in lebhafte Erinnerung. Er empfindet Sehnsucht, ruft die Schlangen an und wäre fast ins Wasser gefallen.

Heerbrand und Paulmann verständigen sich darüber und sprechen Anselmus auf seinen „Anfall" an. Er steht im Zwiespalt zwischen realer Welt und Märchenwelt. Paulmann denkt, dass nur Wahnwitzige und Narren träumen können.

BEWERTUNG DURCH ANSELMUS UND DIE BÜRGER

Anselmus akzeptiert, dass er für betrunken oder närrisch gehalten wird, um schnell aus der bedrückenden Situation zu kommen. In Wirklichkeit ist den Bürgern das Verhalten unheimlich und wird für den Ausdruck einer Krankheit gehalten. Für den Bürger ist von der Norm abweichendes Verhalten Krankheit. Die Norm wird von den Bürgern bestimmt. Sie orientieren sich an Beobachtungen und verständigen sich darüber. Die kranke Person erschließt aus der Reaktion der Bürger, dass sein Verhalten problematisch ist.

Oft gibt es zutreffende oder angebliche Gründe für abweichendes Verhalten: Trunkenheit, Spuk, Feuerwerk, Sinnestäuschung, Traum, Einbildung, Exaltiertheit. In einer Mittellage zwischen den Extremen Krankheit und Gesundheit liegen Beschreibungen wie ein „träumerischer Zustand", „närrisches Zeug" oder Dichtung. Je nach Interesse und Blickrichtung ist ein solcher Zustand noch akzeptabel oder schon bedenklich.

Anselmus' bürgerliche Freunde beschließen, ihn durch Kopieren zur Raison zu bringen. Er soll durch Konzentration und Regelmäßigkeit günstig beeinflusst werden. Sie vermitteln ihm eine Stelle als Kopist bei Lindhorst.

UNTERSUCHUNG: VERHALTEN DER BÜRGER

Die Bürger sehen sich in einem deutlichen Gegensatz zu den Kranken. Jedoch artet die Behaglichkeit des bürgerlichen Daseins schnell in zügellosen Genuss und Rausch aus. Alkohol und Tabak sind die offenen Tore der realen Welt, Rausch und Krankheiten bedrohen die bürgerliche Sicherheit. Auch der Bürger ist krank. Alkohol und Tabak sind Drogen, die ihn beherrschen. Auch Dichtung ist für ihn gefährlich. So wirft Paulmann Heerbrand vor, er habe einen „Hang zu den Poeticis" (HL S. 13/R S. 16). Dichtung und Fantasie sind aus der Sicht des Bürgers bedrohlich.

Die Krankheiten des Bürgers werden liebevoll ironisiert. Anselmus' Helfer versorgt sich noch schnell aus seinem Tabakbeutel, das Freundespaar Heerbrand und Paulmann veranstaltet ein Punschgelage. Sie geben die Schuld für Ausschreitungen hinterher Anselmus. Selbst Veronika ist gefährdet und versucht mit Hilfe des Liebeszaubers, Anselmus an sich zu binden, um Hofrätin zu werden. Hinterher will sie am liebsten alles vergessen. Nach dem Liebeszauber verfällt Veronika in unerklärliches Fieber.

Als Heerbrand um Veronikas Hand anhält, nimmt sie seinen Antrag an, zumal sie damit ihr Ziel. Hofrätin zu werden, erreicht. Vorher legt sie noch eine Beichte über ihr Verhältnis zu Anselmus ab. Sie zieht einen Schlussstrich unter ihre Vergangenheit und schwört weiterem Umgang mit dem Zauber ab. Heerbrand ist nur zu bereit, alles zu verstehen und zu verzeihen. Als gebildeter Bürger akzeptiert er die Existenz von feindlichen Mächten, von denen schon antike Autoren schrieben, und ansonsten erklärt er Veronikas Bericht über den Salamander und die Schlange zur Allegorie.

BEWERTUNG DES VERHALTENS DER BÜRGER

Der Bürger sieht eine fremde Macht walten und in seine reale Welt eindringen und sucht nach Möglichkeiten der Abwehr. Er verdrängt, sucht nach harmlosen Erklärungen. Er glaubt an feindliche Wesen oder Prinzipien oder verlegt die Ursache nach innen ins unerklärliche Seelenleben. Für den Bürger sind Dichtung, Traum, Krankheit als den Alltag transzendierende Mächte ambivalent. Je nach Situation und Interesse faszinieren sie oder schrecken ab, werden sie anerkannt oder in Abrede gestellt.

EINORDNUNG

Gesundheit und Krankheit sind im Grunde genommen keine Gegensätze, sondern gehen fließend ineinander über. Das Interesse daran verweist auf die Umbruchsituation der Zeit, auf das Verhältnis von Aufklärung und Romantik. Die Romantiker interessieren sich für Traum, Schlaf, für Seelenzustände, für den Bereich zwischen Wachen und Träumen. Für sie sind Fantasie und Subjektivität positive gestalterische Kräfte. E. T. A. Hoffmann will das Eindringen des Märchenhaften in die Wirklichkeit darstellen. Dem zeitgenössischen Lesepublikum gefiel die reizvolle Darstellung und nahm den dahinter liegenden Anspruch nicht wahr. Statt dessen wurden die Eindrücke von den Figuren auf den Autor übertragen. Die Vorstellung von Hoffmann als krankem Autor hat die Rezeption seines Werkes lange bestimmt.

Aufgabe 2 *

Erarbeiten Sie die Darstellung von Bürgertum und Künstlertum in E. T. A. Hoffmanns *Der goldne Topf*. Stellen Sie das zu Grunde liegende Konzept dar und ordnen Sie es geistesgeschichtlich ein.

Mögliche Lösung in knapper Fassung:

HINFÜHRUNG ZUM THEMA

Bürgertum und Künstlertum sind für Hoffmanns Erzählung konstitutiv. Das zeichnet sich schon im Untertitel *Ein Märchen aus der neuen Zeit* ab und setzt sich in den Figuren, Schauplätzen und schließlich im Thema fort.

UNTERSUCHUNG: DARSTELLUNG DES BÜRGERTUMS

Der Untertitel bezeichnet die beiden Wirklichkeitsebenen der Erzählung, auf denen die Figuren agieren. Auf der Ebene des Alltags sind Paulmann und Heerbrand Vertreter des Bürgertums. Das Rauchen, die Freude am Titel, hinter der das Individuum verschwindet, das Interesse am gesellschaftlichen Status und Aufstieg und die standesgemäße Verheiratung der Tochter machen die Bürgerlichkeit aus. Das bürgerliche Verhalten zielt auf Sicherheit und Behaglichkeit für sich und die Seinen. Die Familie ist dafür der sichere Ort. Paulmann und Veronika bemühen sich um Anselmus, um ihn als Schwiegersohn zu gewinnen. Heerbrand leistet mit Rat und Hinweisen dabei Freundeshilfe, um schließlich selbst nach seiner Ernennung zum Hofrat sich als Schwiegersohn zu präsentieren.

Auch Anselmus hat bürgerliche Züge. Er freut sich auf den Feiertag, den er bei Bier und Tabak im Ausflugslokal genießen will. Doch hindert ihn daran sein ungeschicktes Verhalten. Am Ende bringt ihn ein Helfer um einen Teil seines Tabakvorrats. Er sucht den Anschluss an die Bürger. Aber durch seinen Status als Student und sein Verhalten verbleibt immer ein Abstand zwischen ihm und den Bürgern.

Bürgerliche Züge finden sich sogar bei Lindhorst. Als Archivar führt er eine bürgerliche Existenz. Er hat gesellschaftlichen Umgang mit Paulmann und Heerbrand. Als Vater muss er seine drei Töchter versorgen und an den Mann bringen. Er gehört jedoch auch der Ebene des Märchens an. Als Salamander ist er in die Wirklichkeit verbannt und bedarf für seine Erlösung eines poetischen Gemüts. Seine drei Töchter müssen verheiratet werden.

UNTERSUCHUNG: DARSTELLUNG DES KÜNSTLERTUMS

Seine Tochter Serpentina gehört der Märchenwelt an und steht im Gegensatz zu Veronika als Vertreterin der Bürgerlichkeit. Als Schlangenlinie verkörpert sie ein künstlerisches Ideal. Anselmus verliebt sich in sie. Sie inspiriert ihn bei seinen Arbeiten für Lindhorst.

Anselmus entwickelt sich vom Studenten zum Dichter in Atlantis. Er beginnt mit bürgerlichen Interessen und entfernt sich mehr und mehr davon. Er ist in einen Kampf zwischen Lindhorst und den Gegenmächten einbezogen. Seine Entwicklung wird dadurch bestimmt, dass er Dichten lernt. Erst kopiert er nur, macht sogar Schreibkleckse. Schließlich versteht er, was er schreibt und am Ende schreiben sich die Texte von selbst. Der Abschreiber, der im Dienst steht, wird zum Dichter.

Anselmus ist von Anfang an offen für das Märchenhafte im Alltag. Für den Bürger hingegen sind Dichtung, Traum, Krankheit und überhaupt den Alltag transzendierende Mächte potentiell bedrohlich. Je nach Situation und Interesse faszinieren sie oder schrecken ab, werden sie anerkannt oder in Abrede gestellt. In der Abwehr sind noch Züge der bürgerlichen Aufklärung wirksam.

Anselmus schwankt zunächst zwischen Vernunft und Fantasie. Er möchte im bürgerlichen Alltag verwurzelt sein und entwickelt sich mehr und mehr in die Welt des Märchens und des Mythos hinein. Indem er sich für Serpentina entscheidet, hat er die letzten Verbindungen mit der bürgerlichen Welt gekappt.

EINORDNUNG

Das Interesse für alte Manuskripte und entfernte Sprachen verweisen auf die Romantik. Das gilt auch für Märchen und Mythos. Die Romantiker interessieren sich für Traum, Schlaf, für Seelenzustände, für den Bereich zwischen Wachen und Träumen. Fantasie und Subjektivität sind positive gestalterische Kräfte.

Im serapiontischen Prinzip formuliert Hoffmann seinen Anspruch, dass das Märchenhafte und Sonderbare in den Alltag eindringt. Im *Goldnen Topf* stellt er dar, wie sich das Erzählen selbst erzählt. Das Dichterische durchdringt den Alltag, ist in Form von Humor und Ironie im Alltag gegenwärtig und wird vom poetischen Gemüt wahrgenommen. Mit dieser Wahrnehmung ist die Wirklichkeit verändert.

Aufgabe 3 ***

Stellen Sie verschiedene Lesarten von E. T. A. Hoffmanns Erzählung *Der goldne Topf* dar. Erarbeiten Sie Hoffmanns Erzählkonzept und ordnen Sie es geistesgeschichtlich ein.

Mögliche Lösung in knapper Fassung:

HINFÜHRUNG ZUM THEMA

Personen und Handlung der Erzählung *Der goldne Topf* gehören verschiedenen Ebenen an, die sich wechselseitig durchdringen. Alltagsrealität und Märchen und Mythos sind Modi der Wirklichkeit. Die Darstellung stellt den Leser immer wieder vor die schwierige Aufgabe, den Realitätsmodus einer Szene zu bestimmen. Daraus resultieren verschiedene Lesarten des Textes.

LESART: ANSELMUS' ENTWICKLUNG ZUM DICHTER

Eine Lesart ist, dass eine Entwicklung dargestellt wird:

Anselmus' Entwicklung ist mit Personen und Schauplätzen verknüpft. Solange er seinen Sitz in der realen Welt hat, wird er von Paulmann und Heerbrand geführt. Er ist in Veronika verliebt und hat ihr die Ehe versprochen. Das Karriereziel ist die Stellung als Hofrat. Für Lindhorst arbeitet er im Bibliothekszimmer und ist den vielfältigen Reizen, die von der Fauna und Flora ausgehen, ausgesetzt. Dort lernt er den Liebreiz Serpentinas kennen, erfährt von Lindhorsts Doppelexistenz und erwirbt sich einen verstehenden Umgang mit den alten Texten und Sprachen.

Anselmus entwickelt sich vom Studenten zum Dichter in Atlantis: Er beginnt mit bürgerlichen Interessen, aber er wächst mehr und mehr in den Bereich des Mythos hinein. Es besteht ein unübersehbarer Abstand zwischen ihm und seiner bürgerlichen Umgebung, und er ist er von Anfang an für die Ansprache der Schlangen im Holunderbaum empfänglich. Dennoch möchte er am bürgerlichen Leben teilhaben. Als zukünftiger Schwiegersohn ist er Paulmann willkommen. Er wurde von seinem Freund Heerbrand auf dessen

Chancen, Hofrat zu werden, hingewiesen. Ironischerweise bringen sie ihn mit dem Archivarius Lindhorst zusammen, weil sie glauben, dass er durch das Kopieren von Texten diszipliniert wird und sein merkwürdiges Verhalten korrigiert wird. In Wirklichkeit fördern sie damit seine Entwicklung zum Dichter. Anfangs kopiert er nur, macht Schreibkleckse. Schließlich versteht er, was er schreibt und am Ende schreiben sich die Texte von selbst. Er ist in einen Kampf zwischen Lindhorst und den Gegenmächten einbezogen und versteht dessen Doppelexistenz als Salamander und als Archivarius. Indem Anselmus eine Rolle in dessen Erlösungsprozess spielt, wird er vom Abschreiber, der im Dienst steht, zum Dichter in Atlantis.

LESART: POETISIERUNG DER WIRKLICHKEIT

Eine andere Lesart des Textes sieht den Text im Zusammenhang mit Hoffmanns erzählerischem Konzept:

Die Aufgabe des Schriftstellers, starke Gefühle, die sogar im Gegensatz zueinander stehen können, zu empfinden und zu vermitteln, setzt eine große Einbildungskraft voraus, welche die Gegebenheiten von Welt und Gesellschaft außer Kraft setzt. Innenwelt und Außenwelt stellen keine Gegensätze mehr dar. Der Künstler bestimmt mit seiner erfüllten Innerlichkeit die Wirklichkeit. Die Aufgabe des Künstlers wird auch von E. T. A. Hoffmann so gesehen. Im dritten Band der *Serapionsbrüder* bezeichnet es der fiktive Verfasser der Erzählung *Die Brautwahl* als seine Absicht, das Märchenhafte in das wirkliche Leben zu versetzen. Dafür wurde der Begriff „serapiontisches Prinzip" geprägt. Danach sollen die Grenzen des Alltäglichen in Richtung auf das Märchenhafte und Sonderbare überschritten werden. Die alltägliche Wirklichkeit soll poetisiert werden. Die romantische Subjektivität setzt auf souveräne Weise mit Hilfe der Ironie ein neues Bezugssystem, in dem die Verhältnisse der realen Welt auf groteske Weise verzerrt werden können. Komik und Ironie gestalteten eine reiche innere Welt. Dabei sind die Übergänge vom Realen zum Fantastischen, vom Normalen zum Anormalen, vom Gesunden zum Kranken fließend ausgestaltet. Hoffmann ist von den dunklen Seiten der menschlichen Existenz fasziniert.

EINORDNUNG

Hoffmann teilt mit den Romantikern die Auffassung, dass Fantasie und Subjektivität positive gestalterische Kräfte sind. Auch er interessiert sich für Traum, Schlaf, für Seelenzustände, für den Bereich zwischen Wachen und Träumen. Der Protagonist Anselmus schwankt zunächst zwischen Vernunft und Fantasie. Er möchte im bürgerlichen Alltag verwurzelt sein und entwickelt sich mehr und mehr in die Welt des Märchens und des Mythos hinein. Indem er sich für Serpentina entscheidet, hat er die letzten Verbindungen mit der bürgerlichen Welt gekappt. Das Interesse für alte Manuskripte und entfernte Sprachen, für Märchen und Mythos verweist auf die Romantik.

Doch Hoffmanns Interesse geht darüber hinaus. Sein Anspruch ist schon im Untertitel der Erzählung angesprochen: *Ein Märchen aus neuer Zeit*. Die Wirklichkeit ist durchdrungen von Elementen des Sonderbaren und Wunderbaren. Die Umsetzung führt zu einer Form des Märchens, die sich deutlich von den Kinder- und Hausmärchen der Brüder Grimm und den romantischen Kunstmärchen absetzt.

Hoffmann zeigt, wie sich das Erzählen selbst erzählt. Das Dichterische durchdringt den Alltag, ist in Form von Humor und Ironie im Alltag gegenwärtig und wird vom poetischen Gemüt wahrgenommen. Für diese Geisteshaltung ist die Wirklichkeit verändert.

Aufgabe 4 *

Stellen Sie Anselmus' Entwicklung in E. T. A. Hoffmanns Erzählung *Der goldne Topf* dar. Arbeiten Sie dabei die wirksamen Kräfte heraus.

Mögliche Lösung in knapper Fassung:

ÜBERBLICK: ANSELMUS' ENTWICKLUNG

Anselmus wird vom tollpatschigen Studenten zum Dichter in Atlantis. Seine Entwicklung ist mit Personen und Schauplätzen verknüpft. Solange er seinen Sitz in der realen Welt hat, wird er von Paulmann und Heerbrand geführt. Er ist in Veronika verliebt und hat ihr die Ehe versprochen. Das Karriereziel ist die Stellung als Hofrat. Anselmus wächst mehr und mehr in den Bereich des Mythos hinein. Es besteht ein unübersehbarer Abstand zwischen ihm und seiner bürgerlichen Umgebung, und er ist er von Anfang an für die Ansprache der Schlangen im Holunderbaum empfänglich. Dennoch möchte er am bürgerlichen Leben teilhaben. Als zukünftiger Schwiegersohn ist er Paulmann willkommen. Er wurde von seinem Freund Heermann auf dessen Chancen, Hofrat zu werden, hingewiesen. Ironischerweise bringen sie ihn mit dem Archivarius Lindhorst zusammen, weil sie glauben, dass er durch das Kopieren von Texten diszipliniert wird und sein merkwürdiges Verhalten korrigiert wird. In Wirklichkeit fördern sie damit seine Entwicklung zum Dichter.

UNTERSUCHUNG: EINFLUSS DES BÜRGERTUMS AUF ANSELMUS

Paulmann und Heerbrand sind Vertreter des Bürgertums. Das Rauchen, die Freude am Titel, hinter der das Individuum verschwindet, das Interesse am gesellschaftlichen Status und Aufstieg und die standesgemäße Verheiratung der Tochter machen die Bürgerlichkeit aus. Das bürgerliche Verhalten zielt auf Sicherheit und Behaglichkeit für sich und die Seinen. Die Familie ist dafür der sichere Ort. Paulmann und Veronika bemühen sich um Anselmus, um ihn als Schwiegersohn zu gewinnen. Heerbrand leistet mit Rat und Hinweisen dabei Freundeshilfe, um schließlich selbst nach seiner Ernennung zum Hofrat sich als Schwiegersohn zu präsentieren.

Anselmus ist einem Gegensatz ausgesetzt. Er steht zwischen den bürgerlichen Ansprüchen und den mythischen Kräften. Auf der einen Seite binden ihn Paulmann und Veronika, auf der anderen Seite nehmen Lindhorst und Serpentina seine Sinne gefangen.

UNTERSUCHUNG: EINFLUSS MYTHISCHER KRÄFTE AUF ANSELMUS

Anselmus ist der Ausgangsstoff, der in einem Prozess bearbeitet wird. Das Kopieren der alten Texte verwandelt ihn, er wird während der Arbeit Teil der mythischen Welt. Doch immer noch übt die bürgerliche Welt ihren Reiz auf ihn aus. Beim Kopieren macht er einen Kleks und verunreinigt das Pergament. Lindhorst bezeichnet Anselmus' Arbeit als Lehrzeit und kündigt ihm Anfechtungen an, denen er jedoch mit innerer Kraft und Beständigkeit widerstehen kann. Am Ende winkt ihm Lohn.

Er wird in die Glasflasche verbannt. Er entscheidet sich für Serpentina, die ihn zu Liebe, Glaube, Hoffnung auffordert. Anselmus wird geläutert. Jetzt versteht er die Texte aus sich selbst heraus und sie schreiben sich von selbst. Die Veränderung befähigt ihn zur Aufnahme in Atlantis. Sein poetisches Gemüt hat seine Entwicklung ermöglicht. Die Arbeit mit den Manuskripten lässt erkennen, welchen Stand er sich jeweils erworben hat. Als Kopist kommt er mit Lindhorst in Kontakt, er erfährt dessen Herkunft.

Mythos und alchemistische Vorgänge sind von Anfang an wirksam und prägen zunehmend Anselmus' Entwicklung. Sie ist mit Lindhorst und Serpentina verknüpft. Schauplätze sind der Holunderbaum, Lindhorsts Gewächshaus und Bibliotheksraum, eine Flasche im Laboratorium und schließlich Atlantis.

Während der Arbeit mit alten Manuskripten und Pergamenten im Bibliothekszimmer ist er den vielfältigen Reizen, die von der Fauna und Flora ausgehen, ausgesetzt. Dort lernt er den Liebreiz Serpentinas kennen, erfährt von Lindhorsts Doppelexistenz als Salamander und Archivarius und erwirbt sich einen verstehenden Umgang mit den alten Texten und Sprachen.

UNTERSUCHUNG: SCHÖPFUNGSMYTHOS

Am Anfang steht ein Schöpfungsmythos. Die Feuerlilie entsteht aus der Verbindung von Himmel und Erde. Aus ihrer Vereinigung mit Phosphorus entsteht ein neues Wesen, das entweicht und Phosphorus zurücklässt. Ein Drache fängt die Feuerlilie wieder ein, aber sie ist nicht mehr dieselbe wie zuvor. Sie wird von Gedanken und Sehnsucht nach Phosphorus zerrissen. Dieser kämpft als Ritter siegreich gegen den Drachen, der sich in Erdspalten zurückzieht, und er gewinnt die Feuerlilie zurück. Als Salamander verdankt Lindhorst diesem mythischen Geschehen seine Existenz. Feuerlilie und Phosphorus sind seine entfernten Vorfahren.

Einem Sündenfall verdankt der Salamander seine Verbannung unter die Menschen. Der Geisterfürst Phosphorus herrscht in Atlantis. Der Salamander raubt der Lilie ihre Tochter, die Schlange, und verlangt von Phosphorus, dass er ihn mit ihr verheirate. Doch er weigert sich und warnt davor, sie zu umarmen. Der Salamander missachtet die Warnung, sie verbrennt und ein neues geflügeltes Wesen entsteht. Der Salamander wird für seinen Ungehorsam seiner Feuerkraft beraubt und als Elementargeist unter die Menschen verbannt. Als Doppelwesen teilt er die Bedürftigkeit der Menschen, denen in ihrer Entartung die Sprache der Natur nicht mehr verständlich ist, und als Elementargeist hat er Anteil an der harmonischen Natur und kann über die Macht von Naturgeistern verfügen. Er wird der Vater von drei Schlangen. Er kann seine Feuerkraft und die Schlange wiedergewinnen, wenn seine Töchter drei Jünglinge finden, die Sinn für die Sprache der Natur haben. Sie sollen darin aufgehen und die Schlangen heiraten. Ihnen wird als Belohnung ein goldener Topf versprochen, aus der eine Feuerlilie entspringen wird, und ein Leben in Harmonie mit der Natur in Atlantis.

Der Salamander steht im Kampf mit dem Drachen und der Hexe, die alle in der Natur vorhandenen negativen Kräfte gegen ihn zusammenfasst.

Lindhorst wird von Paulmann als wunderlicher merkwürdiger Mann geschildert, der geheime Wissenschaften treibe. Anselmus wird sein Schüler. Er wird in eine Kristallflasche eingesperrt und heiratet am Ende eine Schlange. Seine Entwicklung gleicht einer chemischen Reaktion, in der Glasflasche wird er geläutert, die Hochzeit ist eine chemische Verbindung.

Die Schlangen und die Äpfelfrau haben sein Schicksal bestimmt, indem erstere ihn auswählten und letztere ihn hierhin verbannt. Anselmus ist in den Kampf zwischen Gut und Böse einbezogen.

UNTERSUCHUNG: ALCHEMIE

Die Darstellung ist voller Hinweise auf die Alchemie. Trotz vieler Ausprägungen des alchemistischen Denkens gibt es einige Grundzüge, die auch bei Anselmus' Entwicklung eine Rolle spielen. Er ist eingebunden in eine hierarchische Stufung der Natur von der Materie bis hin zu Geist und Seele. Es finden beständig Metamorphosen statt, deren Ziel Erlösung, Rettung, Gesundheit, Vollkommenheit sind. Im Wechsel von Werden und Vergehen, Geburt und Tod entsteht beständig Neues. Sinnbild dieses Prozesses ist der Versuch, Metalle zu Gold zu machen. Dualismus und Kampf sind Kennzeichnen der Metamorphosen. Gegensätze sind u. a. hell und dunkel, fest und flüssig, oben und unten, männlich und weiblich, Geist und Seele.

Alchemistisches Denken ist nicht logischer, sondern naturmagischer Art. Es denkt in Bildern, Analogien und Korrespondenzen zwischen Makro- und Mikrokosmos.

Anselmus ist der Ausgangsstoff, die *prima materia*. Lindhorst ist als Salamander und Geier mit Erde, Feuer und Luft verbunden. Schöpfung und Sündenfall sind in seiner Biografie vertreten. Seine Tochter Serpentina erinnert an die Urschlange Ouroboros. Anselmus wird von ihr ausgewählt, Lindhorst ist sein Lehrer, der ihn in geheimes Wissen einführt. Die Flasche, in der er geläutert wird, erinnert an den Schmelzofen der Alchemisten, und Serpentina fordert ihn zu Liebe, Glaube und Hoffnung auf. Anselmus' poetisches Gemüt und seine Standhaftigkeit ermöglichen ihm die Vereinigung mit Serpentina in Atlantis.

EINORDNUNG UND BEWERTUNG

Mythologie und naturmagisches Denken waren in der Zeit der Romantik noch gegenwärtig. Die verschiedenen Wissensgebiete waren noch nicht getrennt. Philosophie, Theologie, Medizin, Psychologie und Naturwissen gehen ineinander über, die Grenzen zum Aberglauben und zum Betrug sind offen. Das Interesse an Schlaf, Traum und Seelenleben und naturwissenschaftlichen Phänomenen war groß. Desgleichen beschäftigte man sich mit Sprache und Märchen. E. T. A. Hoffmann teilt diese Interessen. Sie finden sich in eigentümlicher Gestalt in seinem Werk wieder. In diesem Zusammenhang ist u. a. auf das Bizarre seiner Gestaltung und seine spezifische Märchengattung mit der Durchdringung von Alltagsrealität und märchenhafter Wirklichkeit hinzuweisen. Für die Erzählung *Der goldne Topf* liefern sie ihm die Mittel für die Darstellung einer märchenhaften Entwicklung vom unwissenden Jüngling, der in die Welt hinauszieht und von geheimnisvollen Kräften gelenkt, nach Prüfungen sein Glück macht. Anfechtungen und Glücksmöglichkeiten der dichterischen Existenz sind thematisch nicht nur auf Hoffmanns Biografie verknüpft, sondern weisen weit darüber hinaus.

LITERATUR

Zitierte Ausgaben:

Hoffmann, E. T. A.: *Der goldne Topf. Ein Märchen aus der neuen Zeit.* Husum/Nordsee: Hamburger Lesehefte Verlag, 2010 (Hamburger Leseheft Nr. 202, Heftbearbeitung: Elke und Uwe Lehmann). → Zitatverweise sind mit HL gekennzeichnet.

Hoffmann, E. T. A.: *Der goldne Topf. Ein Märchen aus der neuen Zeit.* Stuttgart: Philipp Reclam jun., 2011 (Reclams Universal-Bibliothek Nr. 101). → Zitatverweise sind mit R gekennzeichnet.

Gesamtausgaben:

Hoffmann, E. T. A.: *Poetische Werke,* 6 Bde. Berlin: Aufbau, 1958–1963.

Heine, Heinrich: *Sämtliche Werke,* hrsg. v. Hans Kaufmann. 14 Bde. München: Kindler, 1964.

Arbeiten über E. T. A. Hoffmann:

Benz, Richard: „Das romantische Wirklichkeitsmärchen." In ders.: *Märchen-Dichtung der Romantiker.* Gotha: Perthes, 1908.

Feldges, Brigitte und Stadler, Ulrich: *E. T. A. Hoffmann. Epoche – Werk – Wirkung.* München: Beck, 1986. → Guter Überblick über Zeit und Werk Hoffmanns.

Grobe, Horst: *E. T. A. Hoffmann. Der Sandmann.* Königs Erläuterungen, Bd. 404. Hollfeld: C. Bange, 2011.

Just, Klaus Günther: „Die Blickführung in den Märchennovellen E. T. A. Hoffmanns." *Wirkendes Wort* 14 (1963/64), S. 389–397.

Mayer, Hans: „Die Wirklichkeit E. T. A. Hoffmanns. Ein Versuch." In: E. T .A. Hoffmann: *Poetische Werke.* Berlin: Aufbau, 1963. Bd. I, S. V–LV.

Motekat, Helmut: „Vom Sehen und Erkennen bei E. T. A. Hoffmann." *Mitteilungen der E. T. A. Hoffmann-Gesellschaft* 19 (1973), S. 17–27.

Nehring, Wolfgang: „E. T. A. Hoffmanns Erzählwerk: Ein Modell und seine Variationen." *Zeitschrift für deutsche Philologie* 95 (1976), Sonderheft, S. 3–24.

Oesterle, Günter: „Arabeske. Schrift und Poesie in E. T. A. Hoffmanns Kunstmärchen *Der goldne Topf.*" In: Steinecke, Hartmut (Hrsg.): *E. T. A. Hoffmann.* Darmstadt: Wissenschaftliche Buchgesellschaft, 2006, S. 60–96.

Pikulik, Lothar: „Anselmus in der Flasche. Kontrast und Illusion in E. T. A. Hoffmanns *Der goldne Topf.*" *Euphorion* 63 (1969), S. 341–370.

Stegmann, Inge: „Die Wirklichkeit des Traumes bei E. T. A. Hoffmann." *Zeitschrift für deutsche Philologie* 95 (1976), S. 64–93.

Thalmann, Marianne: „E. T. A. Hoffmanns Wirklichkeitsmärchen." *Journal of English and Germanic Philology* 51 (1952), S. 473–491.

Willenberg, Knud: „Die Kollision verschiedener Realitätsebenen als Gattungsproblem in E. T. A. Hoffmanns *Der goldne Topf.*" *Zeitschrift für deutsche Philologie* 95 (1976), S. 93–113.

Wührl, Paul-Wolfgang: *Erläuterungen und Dokumente: E. T. A. Hoffmann. Der goldne Topf.* Stuttgart: Philipp Reclam jun., 2004 (Reclams Universal-Bibliothek Nr. 8157). → Schulpraktisch nützliche Darstellung.

Lexika:

Der Brockhaus multimedial, 2007.

Herders Conversations-Lexikon (1854–1857). Berlin: Directmedia, 2005.

Literaturlexikon, hrsg. v. Walter Killy. Digitale Bibliothek. Berlin: Directmedia, 2005.

Meyers Konversations-Lexikon. Leipzig und Wien: Bibliographisches Institut, 1888.

Oper:

Der goldne Topf.

Musik: Eckehard Mayer, Libretto: Ingo Zimmermann.
Uraufführung: Musikfestspiele Dresden, 20. 05. 1989.

STICHWORTVERZEICHNIS